コミュニティをつくって、自由に生きるという提案

マツダミヒロ

きずな出版

つながりがすべて。
時代は「集客」から「コミュニティ」になった。

コミュニティをつくって、自由に生きるためのポイント

- つながるきっかけは、自分からつくろう
- 嫌いな人にも長所があることを知ろう
- 「それで？」と「それから？」で、相手の悩みを引き出そう
- お金を払ってコミュニティに参加し、主宰者に貢献しよう
- 「自分を満たす2ステップ」を実践しよう
- 目の前の人を喜ばせるために何ができますか？
- 返事は「いいね」にしよう
- ご縁帳が、いずれコミュニティ構築の宝になる
- 信用をつくるために、どんな関わり方ができますか？
- ファン、お金、時間、能力と経験。現時点で持っているものは何ですか？
- 知識だけでは、人を惹きつける魅力は身につかない
- 関係性を深める質問は、相手に関心を持つからこそできる
- 「数年後に連絡したときに、快く対応してくれる」関係をつくる

- ネットもリアルも、コミュニケーションの取り方は一緒
- 「あなたに必要な人をどんどん連れてきてくれる人」を見つけよう
- 集客を難しく考えない。飲み会と一緒。開催することに慣れよう
- ビジネスにつなげる3ステップを守る
- 「聞いて、答える」を繰り返す。そして、お客様が答えたくなる企画をつくる
- お茶会の人数は1〜6名、会費はお茶代だけ、雑談をするだけでOK
- 自分のビジネスのテーマに合った「しつもん読書会」をしよう
- 自分が講師をやらなくてもいい。外部講師を呼んで、赤字にならないように
- 楽しむ会で、心の距離を縮めよう
- キーワードは、プレミアム感とアワード
- 「共通体験」「接触頻度」「ビジョン」「ルール」「内側へ引き込む」を意識する
- 「一貫性」「コミュニティの段階」「タイプ」「関わりの深さ」を定期的にチェックする
- いかにレスポンスしやすい状況をつくるかが大事

コミュニティをつくって、
自由に生きるためのポイント

- 声を集めるためにストーリーをつくる
- 集まった声をじっくり読み、生の声を活かして企画を立てる
- 「○○してあげる」という発想は、必ずしも必要ではない
- 次のリーダーとして誰を応援しますか?
- 興味→オファー→申し込みの順番を守る
- 商品の3つの性質と、それに応じた価格帯を理解する
- コピーライティングは、いい見本を見つけて真似するだけ
- コンタクトメールをつくってみよう
- エンゲージページ作成の8つのポイントを押さえる
- 顧客を選んでみよう

Prologue —

人づきあいの苦手な私でも、5000人のコミュニティをつくれた

私は、人が苦手です。

人の集まるところは、もっと苦手です。

これは小さい頃からいままで、変わらないこと。

なぜ人が苦手にもかかわらず、大きなコミュニティを10年以上も運営できるようになったのか？　私もその理由はわからずにいました。つい最近までは。

20代で起業し、「会社をつくったからには、営業をしないと」と思い、交流会や経営者

たちが集まるところに出かけては、名刺交換をしていました。

自分に無理をしながらやっていたせいか、まったく成果は出ず、「営業は大変」「集客はとても苦労するもの」というイメージが、自分のなかでできあがってしまいました。

結局、その会社はうまくいかなくなり、なくなりました。そして、30歳で講師の仕事を始めることになりました。

最初は1人で活動していました。でも、次第に想いに共感してくれる人たちが増え始め、ともに活動する仲間ができました。

リーダーとして人を引っ張っていくこともせず、みんなのやる気を引き出すこともせず、積極的に飲み会などもおこなわず。こんな状態で仲間はついてくるのかな？　と不安だったのですが、そのコミュニティもいまでは5000人を超え、なお増え続けています。

コミュニティの仲間たちは、自ら考え行動していく人がとても多いので、頼りない私でも、やっていけるのでしょう。

「300人のイベントを沖縄でやろう」と思えば、数十人がスタッフになってくれて、イベントは大成功。「全国で一斉に読書会をやりたいな」と思えば、500ヵ所で開催することになったりもします。

みんなの力でさまざまなことを実現しています。

いまの仕事も最初は集客に苦労していましたが、コミュニティができ始めてからは、まったく集客に苦労しなくなりました。

そう、コミュニティがあれば、集客に困らなくなるのです。

集める時代は終わり、集まってくる人と大切に関わり合う時代になったのです。

技術が発達し、どこにいても仕事ができ、情報も入ってくるようになりました。

でも、どんなに便利になっても、なくならないことがあります。

それは、人とつながることなのです。

インターネットが発達して、人と直接会わなくても用事は済むのに、ほとんどの人が直接会おうとしています。これは、人とつながることが本能だからです。本能なので、人と関わるのが苦手だとしても、欲するものなのです。

ちょっと極端な話ですが、

「たくさんの食料とお金を持って、たった1人で無人島に1年間行く」

「わずかな生活用品だけを持って、大切な人たちと無人島に1年間行く」

あなたは、どちらを選びますか？　おそらく後者のはずです。

どんなに便利に生活をしても、どんなに収入が高くても、つながりがないと本当の豊かさを得ることはできません。

そのつながりを感じるのがコミュニティであり、これからはますますコミュニティに価値を感じる人が増えていきます。

人が苦手だった私が、なぜコミュニティをつくり、運営することができたのか？

これは自分でも不思議に思っていましたが、この本を書くにあたり、あらためて体系化することができました。

私と同じように、

「人が苦手だけど、コミュニティをつくりたい」

という人のために、その秘訣をお伝えします。

Chapter 1

すべては〝つながり〟で成り立つ
―「コミュニティマインド」を身につけよ

Chapter 2

人づきあいが苦手でも、つながりはつくれる
―「関わり合う」という感覚を持つ

Chapter 3

コミュニティを構築するための5つの交流手段

―イベントからコミュニティビジネスにつなげる方法

Chapter 4

コミュニティの双方向の信頼を強化する
―つながりをアップデートせよ

Chapter 5

「つながり」から売上が上がる仕組みをつくる

―コミュニティで利益を生み出すセールスメソッド

コミュニティをつくって、
自由に生きるという提案

Chapter 1

すべては“つながり”で成り立つ

—「コミュニティマインド」を身につけよ

具体的なコミュニティづくりのノウハウに入る前に、最も大切なことからお伝えしなければなりません。それは「コミュニティマインド」について。つまり考え方・マインドセットです。

なぜならば、コミュニティをつくり始めたとしても、このマインドセットができていないと、うまくいかないからです。

コミュニティというと、ビジネス的な側面で語られがちですが、最初に知っておいてもらいたいことは「コミュニティづくりには、人間力が問われる」ということです。

人として魅力的になっていくこと。そして魅力的な関わり合いを持っていくこと。それをできる人が、いいコミュニティをつくり、育て、ビジネスにつなげることができます。

何かに取り組んでいるのにうまくいかないというときは、いつでも、土台であるマインドを振り返ってみてください。すべてはそこからです。

コミュニティは「弱いつながり」から

「コミュニティをつくって、自由にビジネスをしたい」

そう考えるあなたのために、この本を通じて、コミュニティ構築の秘訣をお伝えしていきます。

最近、「コミュニティ」という言葉は、誰もが普通に使うようになりました。

ビジネスにおいても、「コミュニティがなければうまくいかない」「コミュニティがあれば集客も簡単で、売上も上がる」という文脈で語られます。

確かにそうかもしれませんが、まずはその前に「コミュニティとは何か？」という部分を理解しなければ、うまくいきません。「コミュニティ」と横文字を使うと難しく感じるかもしれませんが、より理解するために想像してみましょう。

あなた自身の誕生会を開催しようと思ったとき、何人が集まるでしょうか？

ここで集まってくれる人数が、あなたのコミュニティ力です。

誕生日を祝ってくれる人が集まらないのなら、あなたのコミュニティにも人が集まることはないでしょう。これでは、ビジネスにおいても集客ができない状態です。

「コミュニティが、これからのビジネスの鍵になる」と言われて、難しく考えてしまうあなたも、このように誕生会を例にとると、わかりやすいでしょう。

コミュニティとは、つながりから始まること。ですからコミュニティをつくるということは、誰にとっても必要なことなのです。

私は「ご縁」という言葉をよく使います。

ご縁とは、関わり合いで成り立ちます。つまり関係性のことです。

相手が感じ悪く関わってきたら、こちらも嫌な気分になり、いい関わり方をしたいとは思いません。反対に、相手が感じよく関わってくれたら、こちらもいい関わり方をしたいと思います。自然なことです。

この感覚を活用して、「自分がいい関わり方をしたら、相手もいい関わり方をしてくれる」という状態をつくっていきましょう。

ご縁は広めるものではなく「深めるもの」です。だから、たくさんの人とつながることより、1人の人とじっくり深く関係性をつくることを大切にしていきます。

強いつながりをつくるには、まずは弱いつながりをつくることです。弱いつながりがないと、コミュニティはできないからです。

最初は感じよく挨拶をする。SNSなら相手の投稿にコメントをする。ただし「いいね！」ボタンを押すだけでは、コミュニケーションには数えません。コメントで想いを伝える、言葉を交わすことが関わりです。

ここでの重要なポイントは「きっかけは自分からつくる」ということです。

きっかけは待っていてもできません。だから自分でつくる意識をしましょう。

たとえば普段よく会っているけれど、じっくり話はしていない人に声をかけてみる。インターネット、SNS上で「この人いいな」と思ったらメッセージを送る。自らきっかけをつくることが大事です。

いきなり強いつながりをつくろうと思うと大変です。でも、弱いつながりをつくるなら気が楽です。ぜひ、きっかけづくりをしてみてください。

POINT

つながるきっかけは、自分からつくろう

相手のいいところを見つける習慣を持つ

すべてのコミュニティは人間関係で成り立っています。ここで、人間関係を磨くレッスンをしていきましょう。

あなたの嫌いな人を1人、思い浮かべてみてください。

その人に、いいところはあるでしょうか？

「ない！」と思ってしまいがちですが、必ずあります。

世の中には光と影があります。影があれば光があるし、光があれば影があるのです。

つまり、すべてのことに、いいところも悪いところもあるということです。

だから、どちらの面を見るかで、あなたの世界が変わってきます。

「あの人もダメだ、この人もダメだ、こんな対応はダメだ」と思っていると、ダメなことしかない世界に生きることになります。でも、いいところを見ていくと、まわりはすべてよい世界になっていきます。

大事なポイントは、「その人の嫌なところと人格は一体ではない」ということです。

たとえばAさんという人が、いつも遅刻してくるとしましょう。

だからといって、Aさん自体が悪い人ということではありません。「Aさんの遅刻してくる部分が嫌だ」というだけで、Aさん自体が悪ではないのです。

ですから、嫌なところがあるからといって、その人を全否定することはせず「その人のいいところを見つける」ことをしてみましょう。これができないと人間関係はうまくいきません。コミュニティづくりはなおさらです。

慣れるまでは、メモを取るといいでしょう。いいところ探しを習慣にしてください。

POINT

嫌いな人にも長所があることを知ろう

相手の悩みがコミュニティづくりのヒントになる

コミュニティづくりにおいて「人の悩みを聞く」というのは大切な要素になります。人は自分の話をしたがります。多分あなたもそうでしょう。でも、自分が話すよりも、「相手の話を聞くこと」を、意識してやっていくほうが大事です。

これができないと、コミュニティづくりのなかで「相手に何を提供すればいいか」「どんな価値を与えればいいか」といったポイントが見えてきません。つまり、コミュニティづくりがうまくいかないのです。

重要なポイントは、「表面に見えている悩みは本当の悩みではない」ということです。

どういうことかというと、相手が語った話のその奥に、本当の悩みがあるということです。だから、それを聞くことを意識していきます。

悩みを聞くときに使える質問が、２つあります。

「それで？」と「それから？」という質問です。

この２つの質問を活用することで、相手は本当の悩みを話してくれます。

相手「営業に出ても受注につながらなくて……」

自分「うん、そうなんだ」

相手「毎日、50件以上テレアポもしているのに……」

自分「それで？」

相手「商品知識の勉強も、毎日欠かさずしているし……」

自分「それから？」

相手「いざ、お客さんの前に行くと、なかなかうまく話せず、受注にいたらないんです」

このように、うなずいて相手の話を「そうなんだ」と受け止めながら、「それで？」「それから？」と聞いていくと、どんどん悩みを話してくれます。「この人はこんなことを思っているんだ」ということを、どんどん聞いていきましょう。

悩みを聞いていくと同時に、「どうなったらいいか？」を聞くことも大事です。

相手「いざ、お客さんの前に行くと、なかなかうまく話せず、受注にいたらないんです」
自分「じゃあ、どうなったらいいと思う？」
相手「お客さんの前でも緊張することなく、しっかり提案ができるようになりたいです」

こうして、「じゃあ、どうなったらいいと思う？」と聞くことで、悩みがなくなる状態とは、どういう状態のことかを探ります。

ここで、重要ポイントがもうひとつあります。

悩みは決して、あなたが解決してはいけないということです。

話を聞いていると、つい「こうしたらいいんじゃないの？」とアドバイスしたくなります。でも、このタイミングで言ってはいけません。

なぜなら、悩みは本人でなければ解決できないからです。

ただし、この時点で生の声をメモしておくことは大切です。

全部をメモしたら大変ですから、「なるほど、これで悩んでるんだ」という、キーワードやフレーズをメモしておきましょう。このメモがあなたのコミュニティづくりにつながったり、自分の商品を伝えるとき、相手に響く言葉につながっていきます。

悩みを聞いて、本当の悩みを知って、解決せずに、受け止めてあげるということをやっていきましょう。

POINT

「それで?」と「それから?」で、相手の悩みを引き出そう

「何かをしてもらう」という考え方は捨てよう

コミュニティを知るうえで一番早いのは、自分が他の人のコミュニティに、お金を払ってでも入ってみることです。

では、入ってみるべき2つのコミュニティについて、考えてみましょう。

まずひとつめは、「自分が本当に好きなことのコミュニティ」です。

あなたが日本酒好きならば、日本酒のコミュニティ。海外旅行が好きなら、海外旅行のコミュニティ。どんな種類でもいいので、自分が心から好きなもののコミュニティに入ってみることが、コミュニティを理解するには最も早い方法です。

2つめは「自分の商品やサービスを購入してくれそうな人がいるコミュニティ」です。

これは「お客様がいそうな場所」ということです。つまり、あなたのお客様が好きなコミュニティです。

たとえば自分がヨガ教室を運営していて、ヨガに通ってくる生徒さんがいます。その生徒さんに聞いて「味噌づくりのコミュニティに参加しています」と知ったならば、自分もそこに行ってみる、といった具合です。

自分のお客様がどんなコミュニティにいるのか。お客様がいそうなコミュニティを見つける、想像してみる、あるいは直接聞いてみて、そのコミュニティに行ってみましょう。

ただし、これらのコミュニティからお客様を奪うことは、してはいけません。

自分がコミュニティに参加するときに、どういう心づもりでいくかが重要です。

コミュニティというのは、奪い合う場所ではないからです。

あくまで「知るため」に参加してください。

重要なポイントは、「お金を払っているんだから、何かをくれるのは当然」という考え方を捨てること。

お金を払ったら何かをくれる、教えてもらう、提供してもらえるのが当たり前。そういう意識でいると、あなた自身が次のステージに行けません。

普通の人は「コミュニティの会費を払っているんだから、主宰者が何かしてほしい」と思うことでしょう。

でも、これはうまくいかないパターンです。

大切なのは、「お金を払って」かつ「何かを自分が与える」ことをしていく。

つまり、お金を払ってコミュニティに参加して、そこに貢献するのです。

ここで、陥りやすい間違いがあります。

自分がしてほしいことをやる、ではダメなのです。

自分がしてほしいことと、相手が求めていることは違います。

コミュニティであれば、必ず主宰者の人がいます。

「主宰者が求めていること」をやってみましょう。

「何か手伝えることはありませんか？」「何かサポートできませんか？」と直接聞くのもOKです。

そんなふうに、主宰者と関わっていきましょう。

POINT

お金を払ってコミュニティに参加し、主宰者に貢献しよう

人から奪うのをやめるために、まずは自分を満たす

コミュニティは奪い合う場所ではありません。

人から奪わないためには、まずは自分が満たされていることが重要です。なぜなら、自分にエネルギーがない状態だと、どうしても相手から奪ってしまうからです。

人は、奪う人のところには集まりたくないものです。意識的に、あるいは無意識でも「相手から奪おう」という思いがあると、そこには人は集まりません。

私はいつも、「シャンパンタワーの法則」というものをお伝えしています。

シャンパンタワーとは、グラスをピラミッド状に積み重ねて、そこにシャンパンを注い

でいくというセレモニーです。このとき1番上のグラスを自分自身、2段目を家族、3段目を一緒に働く仲間や友だち、4段目をコミュニティのお客様と見立てます。

このときあなたは、どの段から、シャンパンという名の愛とエネルギーを注いでいるでしょうか？　4段目からでも、3段目からでも、2段目からでも、下から注いだのでは、すべてのグラスが満たされることはありません。1番上、つまり自分自身が満たされて、あふれたエネルギーが次の段へと注がれていくのが美しい姿です。

自分からあふれていれば、相手から奪おうという気持ちが減っていきます。

自分が満たされた状態であるからこそ、人間関係やコミュニティの構築がうまくいくのだ、と知ってください。

そこで大切になるのが、「自分を満たすために何ができるだろう？」ということです。

自分を満たすには、2つのステップがあります。

・ステップ1「自分を満たすためには、何をすればいいかを知る」

どんなことをすると満たされる？　想像してみましょう。

・ステップ2「実際にそれをやってみる。やってみたこと、感じたことを書き出す」

自分の心のグラスを満たす、という表現ではピンとこないかもしれません。これをすると癒やされる、嬉しい、ホッとする、エネルギーが満ちてくる、ということだと考えてください。そして、それをメモに書き出して定期的に見返すようにしましょう。

また、実践できる頻度も重要です。たとえば自分を満たす行為が「2週間ハワイに行く」だと、現実的には年に一度できるかどうかです。それもよいのですが、週に数回できることとか、1日5分で毎日できることも考えてみてください。

たとえば、コーヒーが大好きだから、「朝、コーヒーを飲みながら5分間、何も考えない時間を取る」というように。そんなレベルでOKです。自分を満たすことをしましょう。

POINT

「自分を満たす2ステップ」を実践しよう

「3つのくれない」を手放す

人は、誰かに何かを求める、ということをしてしまいがちです。

無意識でいるとつい求めてしまうので、日常から与えることを意識するのが大事です。

そこで私がいつも大切にしている質問は、

「目の前の人を喜ばせるために、何ができるだろう？」

ということです。

これは「お客様」を喜ばせるために何ができるだろう、という狭い意味にとどまりません。いま目の前に人がいるとしたら、その人を喜ばせるために何ができるかを常に考えて、実践していくという意味です。

ただし、これは自分が満たされていないとできません。

喜ばせることの内容は、小さなことがいいでしょう。

「自分だったらこれが嬉しいから」ということではなく、相手が喜ぶことを想像する、もしくは聞いておこないます。リサーチして実践し続けていきます。すると、どんどん変化が起きていきます。

「与える」ということは、「求めない」ことです。

では逆に、求めている状態とはどういうものでしょうか。

あなたは「3つのくれない」という言葉を、聞いたことがありますか？

- **返事をくれない**
- **見てくれない**
- **喜んでくれない**

これが「3つのくれない」です。

コミュニティをつくっていく、人と関わり合いを持っていくなかで大切なのは――

・せっかく私が言ったのに、「なんで返事をくれないんだろう」と思わない
・せっかく送ってあげたのに、「なんで見てくれないんだろう」と思わない
・せっかくいいことをしてあげたのに、「なんで喜んでくれないんだろう」と思わない

ということです。

これは無意識でいると難しいことですが、自分が満たされているとできます。

ですから、「3つのくれない」を手放して、求めずに与えていきましょう。

小さいことでよいので、たくさん人に与えてください。

もし「与えられていないな」と感じたら、それは自分が満たされていないときです。ひとつ前の項目に戻って、自分を満たすことをしていきましょう。

POINT

目の前の人を喜ばせるために何ができますか?

ジャッジしない

ジャッジをすると、コミュニティは崩壊します。

では、ジャッジとは何か？

「こうしたほうがいい」というものすべてがジャッジです。

「こうやってくれたらいいのに」

「この対応だったらいいのに」

「こういう返事だったらいいのに」

「これはありえないよね」

というのは、すべてあなたの主観から起こるジャッジです。

ここで矛盾するようですが、重要なポイントがあります。

それは「あなたの考えはすべてジャッジである」ということです。「すべてはジャッジなのだけれど、ジャッジしてはいけない」というちょっと難しい感覚が必要になります。

人は、コミュニティがあったときに、そこに集まってきます。

ある人は知識が欲しい、ある人はコンテンツが欲しい、という理由で集まってきているように見えるのですが、じつは違います。関わりを求めて集まってきているのです。

関わりを求めてきているのに、「あなたはこうだよ。こうしたほうがいいよ」とジャッジされたら、嫌気がさして去っていきます。ここが最大のポイントです。

ジャッジすると、コミュニティはうまくいかない。ではどうすればいいか。

相手を受け入れるのがベストですが、まずは受け止めることです。

「受け入れる」と「受け止める」の違いとは何でしょうか？

受け入れるというのは、「ＹＥＳ」「同意する」ということです。

受け止めるというのは「そうなんだ。私は違うけど、あなたはそう思っているのね」ということです。

すべてのことを「受け入れる」必要はありません。

でも、すべてのことを「受け止める」ことは、したほうがいいのです。

ジャッジしないのは難しいことです。でもジャッジする、つまり、いままでの自分の経験や価値観だけで物事を判断してしまうと、うまくコミュニティがつくれません。

すぐできる方法のひとつに、相手の話に対しての第一声を「いいね」にすることがあります。「いいね」とは、あなたの話を聞きましたよ、あなたはそう思うんだね、受け止めたよ、という証です。

「いいね」は決して同意の意味のYESだけではありません。「(どちらでも)いいね」という意味も含まれているのです。受け止める言葉「いいね」を使ってみてください。

POINT

返事は「いいね」にしよう

コミュニティのデータベース「ご縁帳」をつくろう

Chapter１ではコミュニティマインドについてお伝えしましたが、最後に実践として、「ご縁帳をつくる」ということをしてみましょう。

「ご縁帳」とは、アドレスブックのようなもので、つながりの帳簿のことです。

大切な人、これからコミュニティをつくっていきたい人に対して、すぐに連絡が取れる状態にするのが目的です。「あの人の名前は何だったかな？　連絡先はどこだったかな？」という状態をなくす、ということです。

すぐに連絡が取れる状態にするのには、２つの意味があります。

（1）可視化すること（見える状態にしておく）

（2）コンタクトできる状態にしておく

「そんなの、当たり前でしょう」と思うかもしれませんが、企業であっても、意外とできていないところがたくさんあります。

たとえば、お客様に対して連絡をする。「こんな新しい商品ができました」「こんなお客様感謝イベントをやります」といったようなお知らせをすぐに送ることができるところは、多くはないのです。

これはつまり、データベースをつくるという話です。

そのデータベースに必要な項目は、

- **その人の得意なことは何か？**
- **その人が求めていることは何か？**
- **私がその人にできることは何か？**
- **その人が興味あることは何か？**
- **（自分と）出会いのきっかけは何だったか？**

・どんなものをいつ買ってくれたか？（相手がお客様の場合）

といったことです。

最低でも、これだけの項目をつくって埋めてみてください。

まずは、大切な10人程度からつくってみるようにしましょう。

ご縁帳をつくることは、地道ですがとてもパワーがあります。これが宝の源になって、コミュニティの源になっていきます。

さっそくつくってみましょう。参考までに、次ページに見本を掲載しておきます。

POINT

ご縁帳が、いずれコミュニティ構築の宝になる

ご縁帳をつくろう！（EXCELが便利！）

名前	連絡先	得意なこと	求めていること	私がこの人にできること	出会いのきっかけ	何を買ってくれたか
田中一郎	●●●●@●●●●.jp	本を読むこと	読書について語れる仲間	読書会に誘う	○○さんからの紹介	※具体的商品名を記載
佐藤花子	090-●●●●-●●●●	部屋の掃除	美しい空間に行きたい	おススメの美術館情報を提供	○○さんの講演会で	※具体的商品名を記載
…	…	…	…	…	…	…
…	…	…	…	…	…	…
…	…	…	…	…	…	…
…	…	…	…	…	…	…

Chapter 1 ポイントまとめ

・コミュニティづくりには、人間的魅力を高めることが大事
・自分から、弱いつながりをつくっていく
・「相手のいいところを見つける」を実践する
・相手の悩みを解決しようと思わず、話を聞く
・コミュニティを見つけて、お金を払って貢献する
・シャンパンタワーの自分のグラスを満たす
・「目の前の人を喜ばせるために何ができるだろう?」を常に考える
・ジャッジせず、相手のことを受け止める
・ご縁帳という名のデータベースをつくる

Chapter 2

人づきあいが苦手でも、つながりはつくれる

―「関わり合う」という感覚を持つ

コミュニティというと、1対多数を想像するかもしれませんが、すべてのコミュニティは1対1のコミュニケーションが集積された集団です。

この章では、1対1の関わり方として「関わり合うということ」をお伝えします。

正しい関わり合いができるようになると、コミュニティをマネジメントできるようになります。

そのための一歩として、まずは人との関わり方をマスターしていきましょう。

「素晴らしい人に出会い、引き立ててもらってビジネスが軌道に乗る」

あなたは、そんなストーリーを夢見ているかもしれません。その夢を叶えるために必要なのは「ご縁」です。どんな人にも「この人のおかげで」というキーマンがいます。

どんなご縁があればうまくいくのでしょうか？　どのようにすれば出会えるでしょうか？

そして、どんなふうに関わっていけばいいのでしょう？　そもそも、魅力的な人を惹きつける自分になるためには、何ができるでしょう？

知ることができれば、行動できます。いまからできることを、積み重ねていきましょう。

人間関係は、広めるのではなく、深める

私は、関わり合いのなかで大切にするべき心がけを「ご縁の法則」として伝えています。ご縁の法則の本質は、Chapter1でも述べたように「ご縁は広めるのではなく、深める」ということです。

なぜ、深めることが必要なのでしょうか？　それは少ない人数でも、結果的に多くの人とつながることができるからです。

たとえば、1000人にアプローチしたい、1万人とご縁をつなぎたいと思っても、なかなかすぐにできるものではありません。

でも、誰でもアプローチできるようになる方法があります。

それは「自分1人ですべてをやらない」ということです。他の人とのつながりを活用して、自分のつながりにしていくことで、驚くほどの人数とつながることができます。

そのプロセスで重要なポイントが「広めるのではなく、深める」なのです。


あなたは、Facebookを使っていますか？

「Facebookでランダムなユーザーを2人ピックアップしたときに、平均で4・7人のお友達を介すると、その人とその人がつながる」というデータが、Facebook社とミラノ大学の研究で発表されました。

ということは、つながりをたどってゆくと、地球中のほとんどの人と会える。しかも、何百回もつながりを介するのではなくて、約5人を介するだけでつながってしまうのです。

たとえばAさんとのご縁を深めてゆくと、Aさんは自分がよく知っている大切な友人であるあなたを、ほかの友人に紹介しやすくなります。

深い関係になったから、「この人はこんなことをしたい。だったらあの友人を紹介しよう」ということが起こるのです。

ですから、広めるよりも、深めていくことにフォーカスをしていきましょう。

これが「ご縁の法則」です。

ご縁というのは、関わり合い次第でいくらでもつくれます。

ただし逆に言えば、待っていてもできません。自分から動いていくからこそ、ご縁ができるということを知っておいてください。

ご縁ができるには「3つのステップ」があります。

- **ステップ1「個と個がある」↓まだ何もない状態**
- **ステップ2「関係性ができる」↓声をかける、関わり合う**
- **ステップ3「絆ができる」↓もっと深いエンゲージメントになる**

誰がやっても、この3つのステップは変わりません。

そして、さらに重要なことがあります。

ご縁とは「信用」だということです。

信用はお金では買えません。

「信用でお金を得る」ことは、結果的にはできますが、「信用をお金で買う」ことはできません。

そして、「お金で信用を買ってくる」ことはできませんが、「信用を構築するために、お金をかける」ことはできます。

この違いを意識してください。

人との関わり合いに時間と手間をかける、そしてお金をかけていくことが「ご縁の法則」を促進してゆくためのポイントです。

お金を求めるのではなく、「信用」をつくることを大事にしてください。

POINT

信用をつくるために、どんな関わり方ができますか?

ご縁ができる3ステップ

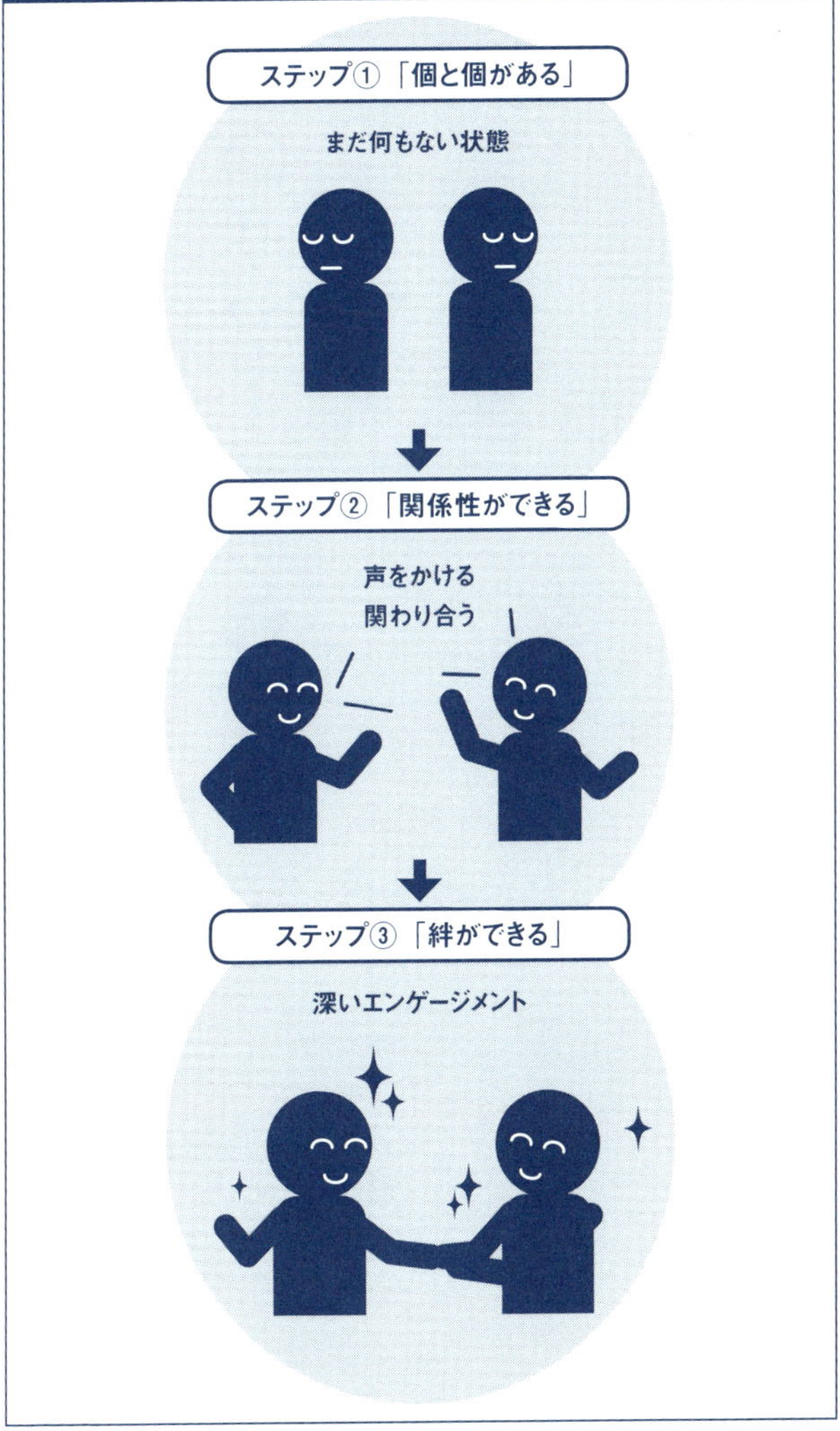

コミュニティづくりに必要な4つのリソースとは？

ご縁をつくっていくにあたってのリソース、つまり「資源」についてご説明します。
この4つを使うと、ご縁ができやすいというものです。

（1）ファン
（2）お金
（3）時間
（4）能力と経験

それぞれ解説します。

①ファン

ファンというのは、あなたの読者やお客様や、あなたを応援してくれる人です。

これがご縁をつくる力となる、重要な要素です。ファンがたくさんいる人は、どんな人ともご縁をつくっていけます。ですから、いまはまだ自分には難しいと思う人も、あわてずにファンをつくる（つながりをつくる）ことから始めていきましょう。

これが、コミュニティづくりの第一歩です。

②お金

「お金で信用は買えない」ですが「お金を使うことで関係性をつくる」ことはできます。

自分が相手の商品を買ってお客になることや、お客様の喜ぶようなことにお金を使うということです。私は毎回ではないのですが、購入していただく商品を、原価以下で提供したり、お客様でもないのに無料でギフトを配ったりということもしています。ですから、お金もリソースのひとつです。ただ、無理せずできる範囲で使ってみましょう。

(3) 時間

時間は一番簡単に活用できるものです。なぜなら、誰でも平等に持っているものだからです。時間を注ぐことによって、ご縁をつくることができます。だからこそ、どのように時間を使うのかが大事になってきます。

メールで書けば1分で済むのに、手紙を30分かけて書いてみる。プレゼントを郵送すれば済むのに、渡すだけのために数時間かけ持って行ってみる。そんなことも、時間を使えばできます。

また、もっと大事なことは、相手の時間を奪ってしまう「時間泥棒」をしないということです。うまくいっている人の行動を見てみましょう。うまくいっている人ほど、時間の使い方を大切にしています。時間を奪われるのが嫌いなので、時間を奪われないように、大事にするような関わり方をしているのです。

お金もないし、ファンもまだいない、という人でも時間ならあるはずです。

その人との関係性をつくっていくのに時間をかけていく、手間とエネルギーをかけていくことをしてみてください。

④ 能力と経験

あなたは「自分には能力も経験もない」と思っていませんか?

それは正しくありません。隠れているだけであって、能力と経験は誰にも必ず存在しています。ですから、見つけ出すことが必要です。

いままで、あなたが時間とお金をかけてきたものが能力と経験になっています。

「いままで時間をかけてきたことは何だろう?」

「いままでお金をかけてきたことは何だろう?」

と、自分に質問をしてみてください。

つまり、これまで自分が何を体験してきたか、何を学んだり何を磨いたりしてきたか、という部分が能力と経験になります。いままでの自分を振り返り、リソースに気づくと、「それは魅力的だね」と、ご縁がつながることも多いのです。

自分の能力や経験を振り返って、洗い出すという作業をしてみましょう。

たとえば、思い返してみると、小学生のときに絵のコンクールで賞状を何回かもらったという経験があるかもしれません。もしかしたら、そこからデザインや色彩があなたの能力であることが見つかるかもしれません。

以上が4つのリソースです。ファン、お金、時間、能力と経験。あなたには、どの資源がありますか？　どれを増やしていきたいでしょうか？

POINT

ファン、お金、時間、能力と経験。現時点で持っているものは何ですか？

4つのリソース、あなたは持っていますか?

①ファン

↓

つながりをつくることが、
コミュニティへの一歩

②お金

↓

お金を使って関係性を
つくることもできる

③時間

↓

最も簡単に
活用できるもの

④能力と経験

↓

自分に質問をして、
見つけ出そう

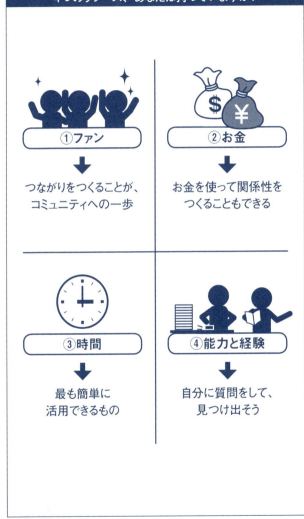

経験に投資することで、あなたの人間的魅力はＵＰする

人との関わりをつくっていくうえで、投資はとても重要です。投資といっても、株や不動産のことではありません。

先ほどの４つのリソースのひとつである「能力と経験」が大事だという話を思い出しましょう。「能力と経験」に投資をする、つまり自分自身に投資をすることが大事なのです。

経験には２つの投資方法があります。

（１）深める投資（より専門的に磨く）

（2）広める投資（浅く、たくさんのことを体験する）

の2つです。

（1）の深める投資とは、いまおこなっていることを、さらに専門的に磨いていくこと。

たとえば、質問家の私の場合、能力と経験は「質問力」ということになります。

ドイツに質問力のことを学べる学校があると知ったら、そこに行くことにお金を使います。そうすると、より専門性が磨かれて深く語れるようになる。「質問」×「ドイツ」×「学校」という組み合わせにより差別化され、スペシャルな存在になります。

（2）の広める投資とは、広く浅く、さまざまな体験をするということ。

たとえば私は以前、小さい飛行機の操縦をしたことがあります。別にパイロットになろうとしたのではなく、「面白いかも」「話のネタになるかも」と思ってのことでした。その後、その体験からの学びを、さまざまな場で伝えることになりました。

そんなふうに、浅くてかまわないので、いろいろな体験をしてみる。普段はしたことがないことに挑戦するということをしてみましょう。

浅い経験であっても、人と話をしたときに共通点が見つかりやすくなります。「気球に乗ったことがある」とか「ＳＵＰ（スタンドアップパドルボード）をしたことがある」とか、旅先でちょっと体験してみた、ということで十分です。

広める投資、つまり、いろいろな体験をすることが重要な理由は他にもあります。なぜなら経験がない人は、知識があっても魅力はないからです。いくら学んで知識だけを身につけても、人間的な面白味はないということです。人は、面白い人にしかつながろうとしません。そうでないと、いいコミュニティができていかないのです。

これからの時代は、「いかに経験している人なのか」が価値になっていきます。

知識ならばネットでいくらでも得られる時代ですから「それ、知ってる」とか「それ、学んだことがある」というだけでは、魅力的ではありません。

だからこそ人が興味を持ち、つながりたいと思う経験に投資していくことが大事です。

深めると広める、どちらの経験も必要です。
バランスよくおこないましょう。
そうすることで、より魅力ある人になっていきます。
経験にお金を使うことは、消費ではありません。リターンが返ってくる投資です。
ぜひ、経験に投資していってみてください。

POINT

知識だけでは、人を惹きつける魅力は身につかない

人との関係性をつくる最強の手法「質問」

関わり合いとは、人と人との関係性をつくっていくことです。人と関係性をつくっていくときに大事なことは、自分が話すのではなく、相手の話を聞くということです。

では、話を聞くときに何をすればいいのか?

それが「質問」です。

関係性をつくるのに、質問は非常に大切な要素です。なぜなら人は、話したいことを話したいからです。**人は自分が話したいことを話し、それを聞いてくれる人に対して「この人、いい人だな」と感じるのです。**

「自分の話を聞いてほしい。話をしたい」と思っている人に対して、あなた自身が話をする必要はありません。適切な質問をして相手から話を引き出してあげれば、いい関係性が生まれます。

では、どんな質問をすればいいのかといえば、「関心をもった疑問」です。

「疑問」というのは「自分が知りたいことを問う状態」です。

人は、関心を持てないと質問ができません。ではどうすれば関心が持てるのか？

関心の持ち方には、２種類あります。

人に関心を持つか、ものごとに関心を持つかです。

「その人」に興味があれば、単純に関心があるので、どんどん質問が出てきますが、「別にこの人には興味ないな」という状態だと質問はしにくいでしょう。

一方、その人には興味はないけれど、その人がやっている「ものごと」や「活動」には興味はあるという状態もあります。そう考えると、それほど興味がない人に対しても質問しやすくなります。

質問するときには、２つのコツがあります。

（1）自分で答えを用意しない
（2）相手の答えを受け止める

自分で答えを用意していると、相手に対して誘導のようになってしまいます。相手は自由に答えにくくなります。答えを決めつけることも避けてください。

最初は難しいかもしれませんが、答えを用意せず、答えを決めつけず「ああ、そうなんだ」と、相手の答えを受け止めて聞いてあげることをします。

質問力を高めるには、人に質問する前に、自分がいい質問に答えてみることが効果的です。自分で自分に質問ができない人は、相手にもいい質問ができないからです。

自問自答とは自分との対話であり、その対話力がないと、相手との対話や質問ができないのです。

ですから、まずは自分に質問をして、それに答えていくと質問力がついていきます。

そのときは、自分にいい質問をしてあげてください。自分に尋問や詰問をしても効果がありません。

私が運営している「魔法の質問」のホームページには、数千問の質問があるので活用してみてください（魔法の質問ホームページ：http://shitsumon.jp/）。

日常のなかで質問力を磨く訓練法があります。人と会うときに実践できる方法です。

たとえばAさんという人と会うというとき、事前に関心を持った質問を10個考え、簡単なリストにします。そして、インターネットを活用したり、Aさんを知っている方に協力してもらって、事前にAさんについて調べます。

答えがわかったものは、リストに答えを書き込んでしまいます。そして質問のリストから削除し、新たに質問を増やして、全部で10個の状態にします。

事前に質問を10個用意しておくと、話が途切れることがありません。

どんどん話を聞くことができる、おすすめの方法です。

POINT

関係性を深める質問は、相手に関心を持つからこそできる

その場に120%集中する

コミュニティをつくろうとするとき、あなたには不安があるかもしれません。

「一度つくったご縁は、ずっと深め続けなければいけない」

「10人だったら10のつながりがある、100人だったら100のつながりがある。それをずっとやっていくのでは、大変だ!」

こう思うのではないでしょうか。

でも、本当に重要なのは「目の前の人と会っている、その場」なのです。

つまり、深く関わり合うことを続けていく必要はなく、その場でだけでいいのです。ずっと関わり続けなくても、かまいません。

具体的には「数年後に連絡したときに、快く対応してくれる」という関係性が築ければ、それでOKです。

たとえば、仕事で新たな事業を始める際に、「ここ数年連絡をとっていないけど、彼に話を聞くと参考になりそうだ」と思った人がいたときに、すぐに連絡がつく、というつながりです。

そのために重要なことは、会っているとき、その場に120%のエネルギーで関わっているかどうかです。これは、どの人との関係でも常に意識していきます。

「いまの自分は、この人の役に立っているかな?」

「さらにこの人のためになることは何だろう?」

と、自分に質問しながら関わってみてください。

そのときに意識したいのは、自分のために、時間を人から奪わないということです。

じつは、自分の話をするということも、相手の時間を奪うことになります。

それが相手の欲しがっている情報であればよいのですが、ただ自分が話したいだけのことはしてはいけません。

「でも、それだと人と話しても自分が満たされることがない」と思うかもしれません。人から満たしてもらうのではなくて、自分で自分を満たすことが大事なのです。自分を満たす、ということに関してはChapter1の「シャンパンタワーの法則」で触れたとおりです。

まずは自分自身を満たしたうえで、人と会うときには、相手に120%のエネルギーを注ぐことをしていきましょう。

POINT

「数年後に連絡したときに、快く対応してくれる」関係をつくる

オンラインで関わりを深めていくには？

「つながり」とか「コミュニティ」とか「関わり合い」という話をすると、多くの人がリアルでの関わりがすごく大切だと感じるかもしれません。もちろんリアルな関わりは大切です。ですが、リアルもネットも関係ありません。

重要なのは、すべての本質は一緒だということ。

ですから、リアルで会うときもネットで関わるときも、ここまで書いてきたように、**「関わりを自分からつくること」**、**「自分が伝える」**より**「相手の話を聞くこと」**、**「相手を想うこと」**、**「求めないこと」**が大事なのです。

関わり合おう!

1）自分から関わる!

FB、ブログならコメントやメッセージ
（いいね、だけでは×）

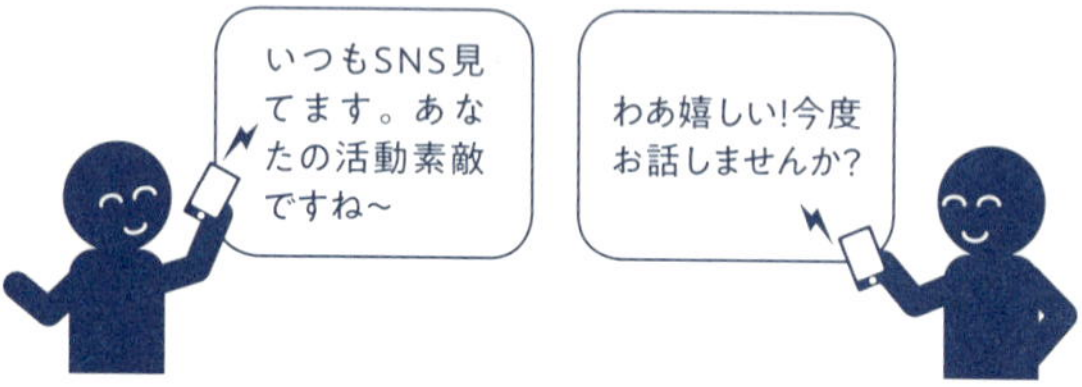

2）話を聞く。

会うチャンスをつくる
相手主催や登壇するイベントに行く。

3）相手を想う　&　4）求めない!

ただ、ネット上で「自分に最適なツール」はあるはずです。まずは、自分が楽に楽しく使えるツールを見つけてください。

メールなのかLINEなのか、Facebookなのか、Instagramなのか。その最適なツールを使って関わっていくということをしてみましょう。

待っているだけではダメなので、ネットでも関わり合っていくことが大事です。

「私はネットでコミュニケーションをとっています！」と言う方がいますが、よく見るとそれは「関わり合い」ではなく「発信」であることが多いです。

発信だけだと関わり合いは生まれません。発信はしていても、コミュニケーション・対話にはなっていません。やり取りが大事なのです。

具体的には、人の発言にコメントをしてみる、自分の書き込みにコメントをもらう、SNSでアンケートを取ってみるなど、インタラクティブ（双方向）のやり取りをしていくことを意識しましょう。

たとえば私の場合だと、新しいプロジェクトを発表するとき、まずは無料動画の配信をおこなったりしています。そのとき動画を見てくださっている方と、たくさんの言葉のや

り取りをしています。

いまはFacebookライブなどで、リアルタイムでコメントのやり取りなどが簡単にできるので、ぜひやってみてください。

そこでは、コメントをもらって返事をつけたり、アンケートを取って困りごとや求めていることを聞いてみる、といったことをしています。

相手の声を聞き、それに対してフィードバックするという、一般的なリアルでのコミュニケーションと同じです。ネット上でもそれをやっていきましょう。

POINT

ネットもリアルも、コミュニケーションの取り方は一緒

コミュニティのステージを上げる「キーパーソン」を見つけよう

コミュニティをつくっていくときには、キーパーソンがいます。

キーパーソンとは「あなたに必要な人をどんどん連れてきてくれる人」のことです。

そして、キーパーソンというのは、どんな人にとっても必ず存在します。

その人を見つけて、関係性をつくっていくことが大事です。

まだいまの活動をする前、私には人脈がまったくありませんでした。そんなときに、購読していたあるメルマガの発行者の方に提案をしてみました。

「私の地元に講師としてお呼びしたいのですが、来ていただけますか？」と。

ちょうどその方は、私の住んでいた東北地方にほとんど来たことがなく、「そこでやりたい」という思いもあったようです。

私自身がもっと勉強したいと思い、主催することになりました。

さらにその主催の場所は隣県まで広がり、年に数回開催することにまでなりました。

あるときに、この勉強会の全国各地の主催者の集まりがあり、そこで私も一瞬にして全国各地につながりができてしまったのです。

そしてその後、自分もメルマガを発行することになったら、その方々から講演などに呼ばれて、あっという間に全国で活動することができました。

私にとってのキーパーソンの1人は、このメルマガを発行された方だったのです。


ちなみに、キーパーソンは3人いると理想的です。

そして、キーパーソンは自分と対等な人でないほうがいいのです。自分より目上の人とか、自分よりもたくさんファンを持っている人がいいでしょう。

キーパーソンとご縁をつくり、いい関係を構築していくことが大切です。

ただし、数多くの友と仲よくしてはいけません。

なぜならば、自分の持っているエネルギー量は限られているからです。

そのエネルギー量をどう分配して、ご縁をつくっていくかを考えなくてはなりません。

大事なところに集中してご縁をつくっていかないと、関係性を構築できません。

キーパーソンというのは、基本的に自分よりも優れている人です。

優れているキーパーソンに、いかに自分が貢献できるかを考えていきます。

「貢献なんて、何をしたらいいかわからない」と心配になるかもしれません。

でも、大丈夫。なぜなら、誰にでも欲しい物は必ずあるからです。誰でも、してもらって嬉しいことがあるのです。

これは相手を知るためにリサーチをするとわかります。

その人が何を欲しいか。そんな視点でキーパーソンを探してみましょう。

キーパーソンが1人できるだけで、お客様がどんどんやってくるようになります。

キーパーソンは、自分のコミュニティのなかにいなくてもかまいません。
とはいえ、キーパーソンとつながっていくということはとても大事なことです。
見つけて、つながる。そして貢献する。
あなたのキーパーソンは、どんな人が理想ですか？

POINT

「あなたに必要な人をどんどん連れてきてくれる人」を見つけよう

会に1回参加したら、今度は自分が2回主催する

コミュニティ構築にあたって、「人を集めてみることに慣れる」必要があります。

では、どうすれば人を集めることに慣れることができるのか?

あなたも、これまでにいろいろな会に参加した経験があると思います。飲み会やお茶会や勉強会、またはセミナーかもしれません。

このとき「自分が1回参加したら、その後は2回、自分が開催する」というスタンスを持つようにしましょう。「参加してみる」ではなく、「集める感覚を身につける」のです。

会に参加するのはインプットであり、自分が主催することはアウトプットです。ポイントは、インプットよりアウトプットを多くすることです。

少しハードルが高いと感じるかもしれませんが、主催する会は大きくなくてかまいません。まずは小さく、そして回数が大事ですので、たくさんおこなっていきましょう。

会を主催するステップは、

（1）「どんな会にしたいか」を考える

（2）「誰を誘いたいか」を考える

（3）「時間と場所はいつにするか」を考える

の3ステップです。

よく考えれば、これは普通に人を誘うときのステップと同じです。

「飲み会でもしようかな。誰を誘おうかな。そうだ、○○さんを誘おう！」

そしてその人に連絡して、「いつにする？　どこでやる？」と相談して決めていくはず。

集客できないと困っている人は、たいてい逆のことをしています。

「何月何日にやります」「どこでやります」「誰か来てください」と、自分だけで決めてしまうと、人はなかなか来ません。プロセスが逆だから当然です。

その会を開催しようと思ったとき、まずは1人でいいので参加してくれる人を想像してみます。そして声をかけます。

次に、その人とあなたのスケジュールを合わせて「いつ、どこで」を考えます。

この段階で、参加者はあなたとその人の2人がいますから、「小さく集める」ことに成功しています。この会に対して、他にも参加者を募ればいいのです。

何回も実践していくと、人の集め方がわかってくるはずです。

レッスンとしては、

① 1人誘って、開催してみる

② 5人誘って、開催してみる

段階を踏んで、実際に集めることに慣れていきましょう。

POINT

集客を難しく考えない。飲み会と一緒。開催することに慣れよう

Chapter 2　ポイントまとめ

・ご縁の法則の本質を知る。信用が大事
・ご縁を生み出す４つのリソース（ファン、お金、時間、能力と経験）
・自分の能力や経験に投資をする
・１対１の関係性をつくり、話を聞くために質問力を磨く
・深くつながるために、その場に１２０％集中し、相手から時間を奪わない
・ネットでの関わり方も、リアルと同じ
・キーパーソンを見つけて関係性を構築する
・自分が人を集めることに慣れる

Chapter 3

コミュニティを構築するための5つの交流手段

―イベントからコミュニティビジネスにつなげる方法

Chapter3のテーマは、「イベントからコミュニティビジネスにつなげる方法」です。

「人が集まる場をつくりたい」

「いつでも満員御礼、集客に困らないようになりたい」

あなたは、そんな方法を求めているかもしれません。

物事には順番があります。まずは人が集まる場をつくること。イベントや勉強会、かつてはあなたも参加者でした。今度は自分が主催してみましょう。

人が集まれば関わりが生まれます。どんな人と、どんなふうに関わっていきたいですか?

あなたがつくりたいコミュニティ、提供したいものによって形は変わります。あなたにしっくりくる方法を見つけていきましょう。

この章では、具体的にコミュニティを構築するための5つの交流手段として、「会話交流」「知的交流」「学習交流」「趣味交流」「愛好交流」開催の、具体的な方法を提案します。

コミュニティをビジネスにつなげる3ステップ

ただ単にコミュニティをつくっても、ビジネスにつなげなければ意味がありません。
ここでは、ビジネスにつなげる3つのステップをお伝えします。

【ステップ1】ビジネスの対象を明確にする「お客様は誰？」
【ステップ2】その対象者が興味のあるイベントを開催する
【ステップ3】必要そうな人にオファーをする

ひとつずつ、説明していきましょう。

【ステップ1】ビジネスの対象を明確にする「お客様は誰？」

「お客様が誰か」が明確であることが大切です。

その人が何で困っていて、どんな情報が欲しくて、何が嬉しいのか、何を体験したいのか。それがわかっていないと、そのコミュニティにエネルギーを使っても、イベントや会を開催しても、自分の商品はまったく売れないというパターンになってしまいます。

【ステップ2】その対象者が興味のあるイベントを開催する

ただ単にイベントをして人を集めればいい、ということではありません。ステップ1で明確になった対象者（お客様）が興味のあるイベントを開催します。

イベントのメリットは2つあります。

① 直接モノやサービスを販売するよりハードルが低い

② もしお客様にならなくても、つながりができる

では、具体的にはどんなことをするといいでしょうか。

「集客に困っている人」に対して、「コンサルティングやサービスを提供している」のであれば、「マーケティング・集客をテーマにした読書会」をする。

「健康への意識が高い人」に対して、「サロンでサービスを提供するという商品を販売している」のであれば、「オーガニックレストランでランチ会」をする。

そのように集まってきた人ならば、あなたのお客様になりやすいのです。

【ステップ3】必要そうな人にオファーをする

オファーというのは「提案する」「機会を与える」という意味です。

大事なのは、知っている人全員に対して告知をおこなわないこと。必要そうな人に対してのみオファーすることです。そして「選択肢を奪わない」というスタンスで取り組みます。

「これはとてもいい内容だから、絶対参加してね」という誘い方は「参加するという選択

肢」しか与えていません。つまり「参加しない」という選択肢を奪っているのです。「参加してもいいし、参加しなくてもいいし、どちらでもいいんです。あなたが選ぶのですよ」というスタンスで、提案していくことが大切です。

私の場合は、集まったとき、その場で契約や申込みを取ることはしません。興味があるかどうかを聞いて、別途メールなどで「昨日お話ししたメニューですが、よかったら、ご自身のタイミングでお申し込みください」とお誘いします。集まったその場でチラシを配る、申し込んでもらうより、スマートだし自然です。

そもそも、この会は商品やサービスの契約・販売の場ではありません。お客様が興味を持っていてくれる、コンタクトの一歩目なのです。

ここで出会い「この人と関係を築きたい」と思ってもらうところから始まります。選択肢を奪わず、次のステップへとつなげていく提案をする場所だと考えてください。

POINT

ビジネスにつなげる3ステップを守る

ビジネスにつなげる3ステップ

ステップ1　ビジネスの対象を明確にする!

- 何で困っているか?
- どんな情報を欲しがっているか?
- 何を体験したいのか??…etc.

⇩

ステップ2　その対象者が興味のあるイベントを開催する

- マーケティングをテーマにした読書会
- オーガニックレストランでランチ会…etc.

⇩

ステップ3　必要そうな人にオファーをする

↓

無理に誘わない。選択肢を奪わない

ソーシャルメディア型とダイレクト型のコミュニケーションを駆使する

最近ではオンラインサロンなどが流行っていることもあり、オンラインでのコミュニティ構築については、誰もが気になっているところでしょう。

オンラインコミュニティで最も大事なことは「信用をつくる」ということです。「信用をつくっていくための関わり合い」をしていくことが必要になります。逆に言えば、信用につながらない関わり合いは、コミュニティマネジメントとは言えません。

人に信用を与えるには、3つの要素があります。

（1）奪う・もらうのでなく、与える
（2）コミュニケーションの数を多くする
（3）コミュニケーションの質を高める

この3つを積み重ねていくことで、信用がつくられていきます。
オンラインコミュニティの性質は、大きく分けて2つの種類があります。

・ソーシャルメディア型コミュニケーション
・ダイレクト型コミュニケーション

それぞれ説明します。

・ソーシャルメディア型コミュニケーション

ソーシャルメディア型には、Facebookや Instagram、Twitterなどがあります。

たとえば私が何かを発信する。そこに誰かがコメントをつける。私がそれにコメントを返していく、というように「コミュニケーションが蓄積していく」ものです。

誰かの投稿があって、そこにコメントして会話をするものです。

私の場合、ソーシャルメディア型では、限られた人だけが参加できるコミュニケーションを活用しています。

Facebookなら「秘密のグループ」「非公開グループ」がつくれるので、対象やテーマを決めて、そのテーマに基づいたグループをつくり、コミュニティ化します。

オンラインサロンも、実際は会員同士のやり取りはFacebookグループでおこなわれています。

では、どんなテーマにすればいいか？

これは対象となるお客様が何に興味があるのか、から考えます。また次節から説明する、それぞれのコミュニティのイベントの性質によって変えてもいいかもしれません。

個別グループをつくって、「ほかには流れないけれども、ここで情報を流しますよ。ここで関わっていきましょう」とすることで、より深く密なコミュニケーションができます。

そうするとコミュニティの質がグッと高まっていきます。

コミュニティの質を左右するのは、そこに「時間と手間をかける。その情熱がどれだけあるか」ということなのです。情熱を持つ、愛情をかけるということは、すべてにおいて共通するポイントです。気にかければかけるほど、そのコミュニティは濃く、強くなっていきます。

また、グループは一度つくったらずっとそのままにせず、定期的にフィルタリングをして人数を減らすことをおすすめします。

具体的な例としては、私は公に宣伝しないので、イベント情報やプレゼント情報を発信するために「秘密のグループ」をつくっています。

何年か経て、そのメンバーが1万人ほどになりました。

1万人になると、「ファンが多くていいですね」と思う人もいるでしょう。でも私としては、「本当に必要だと思って、みんなが見てくれているのかな？」と疑問に思います。

そんなときはフィルタリングをして、1万人のグループのなかから絞り込んで、「あらためてもっと知りたい方、もっと続きを知りたい方はこちらへどうぞ」と、グループを新しく追加しています。

すると今度は、1000人くらいの規模に縮小されます。あまりアクティブでない9000人はお別れや卒業となり、とてもアクティブな「いまの私の情報が知りたい」という濃い1000人だけに伝わります。濃いメンバーだけが集まると、コミュニティが活性化しやすいのです。

・ダイレクト型コミュニケーション

もうひとつは、ダイレクト型コミュニケーションです。

これは、メールやLINEなど、お客様の手元に届くためのコミュニケーションツールです。1対1のコミュニケーションに近いです。

現在、個人に対して一斉にダイレクト配信できる方法は、メルマガかLINEの2つが有力です（2019年1月段階）。まだ始めていない方は、ぜひやってみてください。

しかし、ただ単にメールやLINEで配信をすればいい、というわけではありません。これらはあくまで情報発信媒体でしかありません。ですから、メールやLINEでお客様に聞きたいことを問いかけます。

このときに回答ができるように、アンケートのチェック項目や回答フォームを準備して配信します。そこでお客様がフォームにその答えを入力し、その情報をもとにまた発信していきます。これで双方向の関係性になります。

お客様の声をもらい、自分が発信し、また反応をもらう、ということを繰り返すと、それがコミュニティになっていきます。じつは、これはメルマガで発信している人のほとんどがやっていないことです。

このように、「聞いて、答える」をぜひやってみてください。

ただし、その際には企画力が必要になります。

ただ「答えてください」では、人は答えてくれません。受け取った側が答えたくなるような企画力が問われるのです。

企画力を磨くには、「お客様は何が楽しいか?」「自分は何が楽しいか?」という視点で考えていきます。「どんな企画だったら、どんな内容だったら、喜んで答えてくれるかな?」と、お客様視点も踏まえて、つくり上げていくことが必要です。

アンケートの答えの集め方にもコツがあります。

単に「アンケートです」というと集まりません。

たとえばセミナー終了後に、参加してくれた方に主催者からメールが届くとします。「この項目についてアンケートに答えてください」だけだと、答えは返ってきません。「別に答えなくてもいいかな」と感じる人がほとんどです。

ところが、次のような企画にするとお客様も喜んで参加してくれます。

「セミナーで使ったスライドショーのデータをプレゼントします。こちらから登録してくださいね」として、登録するときに、聞きたい項目を設定しておくわけです。

アンケートを取るという結果は同じなのですが、そこにあるストーリーや、相手に与える印象はまったく違います。同じことを聞くにも、相手に与える、相手が喜ぶ、というスタイルで企画することが必要です。

「恋愛についてのアンケートを取ります」では答えてもらえません。

そこで私は、「ベストパートナーを見つけるための、8個の魔法の質問があります。この8個の質問が欲しい方は、ぜひ受け取ってくださいね」というメールを送信します。

そして、配信登録をしてもらうときに、恋愛の悩みも聞く。すると、みなさん自然に書いてくれるわけです。

コミュニティを育てるには、**「お客様の声を聞いて、それに対してまたフィードバックする」を繰り返していくこと**が必要です。そして聞くときは、単純なアンケート質問ではなく、相手が答えたくなる企画を入れることをしていきましょう。

POINT

「聞いて、答える」を繰り返す。
そして、お客様が答えたくなる企画をつくる

イベント
1

会話交流である「お茶会」を開催する

それではいよいよ、「コミュニティを生み出すためにどんなイベントをするか」について見ていきましょう。コミュニティは「集い」であり、目に見えない「つながり」です。「つながり」を構築するための要素に、5つの交流イベントがあります。

そのなかのひとつが会話交流です。会話交流には、パーティーや懇親会などがありますが、代表的なものが「お茶会」です。ちなみにお茶会そのものは、コミュニティではありません。お茶会とは、コミュニティを構築するための前段階であるイベントです。

お茶会というイベントのよさは、3つあります。

（1）仲よくなれる

（2）お客様の生の声を聞ける

（3）知り合いがいない場所で活動するときに有効

最近の私は、日本で何かイベントをお知らせすると、すぐに満席になってしまうので、お茶会をすることはなくなりました。でも海外で、まだ知り合いがいない、つながりがあまりない場所というときには、お茶会は素晴らしい効果を発揮してくれます。

自分のことを知ってもらうことと、相手のことを知ることが同時にできるからです。お茶会を通して、関係性が生まれるのがいいところです。

では、お茶会では何をするのか。

目的は、お茶の時間を通して仲よくなることです。販売や契約、商品説明をすること、商売を目的としてはいけません。

人数はだいたい、1〜6名くらいが適当です。1人来てくれたら、1対1のお茶会になります。たくさん集めようとしなければ気楽に取り組めます。

お茶会の参加費用は、お茶代だけにしておくと参加のハードルが低くなります。プレミアム感を打ち出したいとか、コミュニティ内でファンが育ってきた場合なら、お茶代プラス2000円とか3000円を目安にしてもいいでしょう。

お茶会で意識することは「対話」です。対話は、質問から発生させるものです。対話をしていき、相手の悩みを聞いたり、実現したいと思っていることを聞くのが、主催者であるあなたがやるべきことです。ちなみに、会話が苦手という方向けに、話題に困らないように「魔法の質問カフェカード」という質問集を、私のコミュニティで提供しています。

次に、お茶会に必要なものは「場所」です。

お茶会を成功させる最も重要な要素は、場所、つまりお店です。たとえば、みんなが行きたいと思う素敵なカフェとかホテルのラウンジがいいでしょう。

自分の力だけで人を呼ぼうと思わずに、その場の力を味方につけましょう。「そのお店、行ってみたい」という気持ちが行動のスイッチを入れる、と考えてください。日ごろから、そんな場所を探してみましょう。

あなたが地方に住んでいるなら「そんな高級なお店はありません」と思うかもしれません。でも、高級である必要はありません。「隠れ家的なお店」でもいいし「自分が心地いいと思うところ」でもいいし、屋外でもOKです。

まずは、自分が「いいな」と感じるところ、そしてそれを聞いたときに、ほかの人が「行ってみたいな」と思うところが重要です。

さて、このお茶会の効果とは？

じつは、「雑談をすると絆が深まる」という研究データがあります。

こみいった話ではなく、仕事の話でもなく、目的もなく、本当の雑談です。

いかにして、雑談というとりとめもない話をするかを意識する。そして、肩の力を抜いて、何かを手に入れるという欲は持たずに対話をするのがいいのです。

場の力を借りて、質問力を使って対話をしてみてください。

POINT

お茶会の人数は1～6名、会費はお茶代だけ、雑談をするだけでOK

イベント2

知的交流である「読書会」を開催する

前項の会話交流は、どちらかといえば女性性が高い方向けです。

それに対して、もっと知的な交流をしたいという欲求がある方には、知的交流がおすすめです。知的交流には映画鑑賞会や、音楽鑑賞会などがありますが、代表的なのは「読書会」です。読書会は学びたい・成長したいなど、男性性が高い方が対象の場合におすすめです。

「本を事前に読んでもらって感想を伝え合う」という一般的な読書会のやり方でもいいのですが、この方法だと、忙しい人は本を読まずに参加する場合も多いようです。これでは会が成り立ちません。そこで私は、本を読まなくても参加できる読書会メソッド「しつもん読書会」を提案しています。

私は、まだご縁がない場所に行くときに、読書会をおこなうことが多いです。

読書会のよさは、「自分に何の経験もなくても、参加者の役立つコンテンツが活用できる」ことです。自分に経験や知識がなくても、書籍を通じて伝えることができる。だから参加者がとても満足します。

読書会の目的は、「本のエッセンスを使って、お客様と学んでいく」ことです。

人数は1人からできますし、多くて10人ぐらい。10人いたら2つのグループに分けてもOKです。参加費は、書籍代＋αでよいでしょう。たとえば書籍代＋1000円とか書籍代＋お茶代くらい。

ただし、ここで利益をとろうと思わないことが大切です。

内容は「質問」をベースにした読書会です。

一般的な読書会と「しつもん読書会」の大きな違いは、事前に本を読んで来なくてもいいということです。

さらに、コミュニティ構築に特化したしつもん読書会にするには、シリーズ化をしていくことです。複数回企画するというのがポイントです。単独開催よりもテーマを持った複数開催、つまりシリーズ化したほうが、コミュニティをつくるうえで効果があるのです。

必要なものは本。そしてワークシート（P．111に記載）と、ペンがあればOK。

本は主催者が用意してあげたほうが親切ですが、事前に各自で買って来てもらってもいいでしょう。

しつもん読書会の運営方法は簡単で、4つの段階があります。

（1）本を読む前の4つの質問に答えてもらう

（2）しつもん読書（5分間、本をパラパラとめくる）

（3）本を読んだ後の4つの質問に答えてもらう

（4）魔法の質問に答え合う

本を読むというよりも、パラパラとめくるというのが、しつもん読書会の特徴です。

一文字一文字を読んでいくのではなく、5分ぐらいパラパラと目を通すだけです。読んでいるとはいえない短い時間ですが、それぐらいでいいのです。

最初の「本を読む前の4つの質問に答えてもらう」については、質問の答えをワークシートに書き、順番に答えを読み上げて共有するということを繰り返します。

全員が発言することが大事です。

すべての質問に対して答えを書く、発表をする、を繰り返していきます。

では、それぞれの段階を見ていきましょう。

(1) 本を読む前の4つの質問に答えてもらう

質問1「本を読み終わったときに、どうなっていたいですか?」

質問2「この本で著者が伝えたいことは何だと思いますか?」

↓読む前の想像なので、答えは何でもいいです。

質問3「この本に質問を3つ投げかけるとすれば何ですか?」

↓本を読む前に質問を考えます。質問文を3つ書いてもらいます。

質問4「なぜ、この本がここにあると思いますか?」

↓なぜこのタイミングで、このテーマの本を私は読む必要があるんだろうと、あらためて考えてもらいます。

（2）しつもん読書（5分間、本をパラパラとめくる）

本を読む前の4つの質問の答えを踏まえて、本をパラパラめくります。

このときに、目についたキーワードをワークシートに書き出してもらいます。本に線を引くよりも、キーワードを書き出すほうがいいです。

（3）本を読んだ後の4つの質問に答えてもらう

質問5「どんなキーワードが目に留まりましたか？」

→書き出したキーワードをもう一度見返します。キーワードは文章ではなく単語のほうがよいです。目についた単語を拾っていきます。

質問6「この本はどんなメッセージを投げかけていますか？」

質問7「ひと言で言うと、この本はどんな本ですか？」

質問8「どんな魔法の質問が生まれましたか？」

じつは、この8つ目の魔法の質問をつくるために、1〜7の質問に答えるというステップがあります。魔法の質問とは「答えるといいことがある」「何か気づきが生まれる」という質問です。決まった答えはない、どんな答えでもいい、会話が広がる質問です。最後には答えではなく「質問」を書いてもらいます。参加者が3人だったら、3つの魔法の質問が生まれます。

(4) 魔法の質問に答え合う

参加者の数だけ生まれた魔法の質問に、それぞれ答え合います。

3人の参加者、3つの質問が生まれたら、3問に答え合います。

答える際のポイントは、書いてから読み上げるというかたちです。書かないと効果がありません。しつもん読書会は、読む・感想を言い合うというより、質問に答えていくだけというプロセスになっています。でも不思議なことに、この質問に答えていると本に書いてあるエッセンスが理解できるのです。そして、もっとじっくり本を読みたくなります。

この読書会の効果は、「著者というスペシャリストの言葉が自分の言葉となる、自分がすごくなくてもいい」というものです。

そして一度だけの開催よりもシリーズ化していくことが重要です。

たとえば、あなたが「健康への意識が高い人に向けた施術」を提供している人ならば、健康について読んでほしいと思っている本が3冊ぐらいはあるでしょう。そんな本を3冊選び出してシリーズ化します。「1ヵ月目はこの本、2ヵ月目はこの本、3ヵ月目はこの本で読書会をしますので、来ませんか?」という提案をするのです。

もしくは、「起業して3年以内の経営者」をお客様にしたいというのであれば、起業したての人が読むような5〜6冊を用意して、「月に1回、第一水曜日の朝に、この本を使った読書会をしましょう」といったように声をかけると、とても濃い人たちが集まってきます。自分のお客様になってくれる可能性が高い人たちなので、シリーズ化と複数の本を使うことが重要になってきます。

POINT

自分のビジネスのテーマに合った「しつもん読書会」をしよう

しつもん読書会　事前ワークシート

1.本を読み終わったときに、どうなっていたいですか?

6.この本はどんなメッセージを
投げかけていますか?

3.この本に質問を3つ
投げかけるとすれば何ですか?

4.なぜ、この本が
ここにあると思いますか?

5.どんなキーワードが
目に留まりましたか?

7.ひと言で言うと、
この本はどんな本ですか?

2.この本で著者が伝えたいことは
何だと思いますか?

8.どんな「魔法の質問」が生まれましたか?

イベント
3

学習交流である「勉強会」を開催する

より学びたいという方を対象にした場合には、学習交流である勉強会やセミナーが効果的です。

自分が講師として教える、または講師を呼んで教えてもらう場をつくる、というのが勉強会です。目的は「学ぶ」ためのものです。

人数は多いほうがいいので、10人以上で企画しましょう。10人以上であれば、30人でも、50人でも、100人規模でも構いません。

価格は「何かを学ぶため」なので、3000～5000円という設定が妥当です。

郵便はがき

162-0816

恐れ入ります
切手を
お貼りください

東京都新宿区白銀町1番13号

きずな出版 編集部 行

フリガナ

お名前　　　　男性／女性
未婚／既婚

(〒　　-　　)

ご住所

ご職業

年齢　10代　20代　30代　40代　50代　60代　70代〜

E-mail

※きずな出版からのお知らせをご希望の方は是非ご記入ください。

愛読者カード

ご購読ありがとうございます。今後の出版企画の参考とさせていただきますので、アンケートにご協力をお願いいたします(きずな出版サイトでも受付中です)。

[1] ご購入いただいた本のタイトル

[2] この本をどこでお知りになりましたか?
1. 書店の店頭　2. 紹介記事(媒体名:　)
3. 広告(新聞/雑誌/インターネット:媒体名　)
4. 友人・知人からの勧め　5.その他(　)

[3] どちらの書店でお買い求めいただきましたか?

[4] ご購入いただいた動機をお聞かせください。
1. 著者が好きだから　2. タイトルに惹かれたから
3. 装丁がよかったから　4. 興味のある内容だから
5. 友人・知人に勧められたから
6. 広告を見て気になったから
(新聞/雑誌/インターネット:媒体名　)

[5] 最近、読んでおもしろかった本をお聞かせください。

[6] 今後、読んでみたい本の著者やテーマがあればお聞かせください。

[7] 本書をお読みになったご意見、ご感想をお聞かせください。
(お寄せいただいたご感想は、新聞広告や紹介記事等で使わせていただく場合がございます)

ご協力ありがとうございました。

きずな出版　URL http://www.kizuna-pub.jp　E-mail 39@kizuna-pub.jp

勉強会か講座をおこなうわけですが、自分に教えられる知識や経験がないという場合は、講師を招きましょう。

私の場合も、最初は講師を別に呼んで、勉強会を開催しました。

まだ「魔法の質問」を始める前、愛読していたメールマガジン「がんばれ！社長」を発行しているコンサルタントの方を講師として山形にお呼びしました（Chapter２のキーマンの項目でお伝えした、その人です）。数ヵ月に一度、計10回以上続けました。

当時の私は20代後半。「社長を相手にコーチングしたい」と思っていましたが、私のような人生の経験が浅い者がコーチングを提案しても、年配の社長に受け入れてくれる人はいません。

そこで、「どのようにしたら、社長とつながれるかな？」と考えて、「私自身も話を聞きたいし、社長たちも興味があるだろう」という講師の先生をお呼びして、勉強会をしたのが始まりでした。

勉強会には、社長の方々がどんどん集まりました。主催者である私は全員とつながることができますし、感謝されます。そこからいろいろなご縁が広がっていった、という経験があります。

勉強会に必要なものは、講師と会場です。

お茶会のときほど、会場のイメージにこだわる必要はないでしょう。

勉強会の効果は、自分に経験がなくても、講師を呼べば学びの場を提供できることです。集めたい客層が、自分が対象にしたいお客様とマッチしていれば、その後の商品展開・ビジネス展開が楽になっていきます。

勉強会をおこなう場合、20人以上集客したいときは、スタッフを用意したほうがいいです。一緒に運営できる人、運営委員会・実行委員会をつくるということです。

私の経験から言うと、「集めたい人数の10分の1」の数のスタッフが必要です。

ですから、20人集めたい場合は2人、50人集めたい場合は5人、１００人集めたい場合は10人スタッフをつくることがポイントです。

そして、招聘《しょうへい》する講師は「自分が話を聞きたいと思った人」を選びましょう。自分が興味を持っている人を呼べば自分の喜びにもなりますし、同じ価値観の人が集まるので、ご縁につながりやすいです。

注意点としては、ここでも勉強会や講座のみで利益を出そうとしないことです。

プラスマイナス0、赤字にならなければOK、という気持ちで取り組みましょう。

ちなみに、私がおこなっていたときは、毎回10万円以上の赤字でした。でも講師の先生、参加してくれた社長たちとのご縁も生まれますし、ここでできたご縁はお金では買えません。結果的にそこからビジネスが広がり、その後、商品を購入してもらい、利益が出るようになっていました。投資であったと言えます。ですから、儲かりはしないが赤字にもならないことを目指してみてください。

勉強会・講座の内容は、自分と顧客対象が興味のあることが前提です。そうすると、来た人たちは、自分のこれからのお客様になる可能性が高いです。ここがズレると、ただ赤字のイベントをやって終わりになってしまうので、気をつけましょう。

POINT

自分が講師をやらなくてもいい。外部講師を呼んで、赤字にならないように

イベント
4

趣味交流である「楽しむ会」を開催する

趣味交流とは、趣味をキーワードに会を催すことです。趣味交流には、食事会、異業種香料会などがあります。わかりやすく「楽しむ会」と呼びましょう。

これは何かというと、ただお茶を飲むのでなく、読書会をするのでもなく、学ぶ会をするわけでもありません。では、なぜ「楽しむ会」がビジネスにつながるのか？

楽しむ会の目的は、「楽しむ」ことと「距離を縮める」ことです。

参加者同士の距離を縮める、主催者と参加者の距離を縮める効果があります。

販売や予約を取るといった直接的な集め方ではなく、もっと間接的なアプローチで、お

客様候補を集めることが目的です。

集める人数は、少なくても4～5人いたほうがいいでしょう。多くて30人くらいがちょうどいい規模です。参加費は、会にかかる費用の実費を、参加者みんなで負担するという感じの価格設定です。

内容は、たとえば「日本酒の会」「ゴルフの会」「オーガニック農園体験会」「登山の会」など、どんなテーマでもOKです。

ただし条件は「自分自身が楽しい」ことです。

ここでの重要なポイントは、「ただ趣味の活動をして、友達ができた」で終わらせず、ビジネスにつなげる工夫です。

いま、あなたのお客様の嗜好はなんでしょうか？　嗜好というのは、好きなものやこと、興味のあることを指します。

お客様の嗜好と会の趣旨が重なることが重要です。

たとえばお客様が社長で、みんな日本酒が好き。だったら「日本酒経営者の会」として、会の趣旨とお客様の嗜好がクロスする「楽しむ会」をつくる。

自分もそれが大好きというのがポイントです。好きじゃないことは続かないし、楽しくないですから。

自分の好きなことと、お客様の嗜好が重なることをやると、どうなるかというと、「友達になり、心の距離が縮まる」のです。心の距離が縮まると、いい関係性ができているので、何かお誘いしたときに来てくれやすくなります。

楽しむ会を企画するときに必要なものは、「何をテーマにするか」と「ふさわしい場所」です。日本酒であったら日本酒を飲む場所、食事ができる場所。ゴルフだったらゴルフ場、ということになります。温泉をテーマにするなら、訪ねたい日帰り温泉といったところです。

たとえば見込み客の人に、「セミナーに行きませんか?」「商品やサービスの説明をさせてください」と言うと、いい返事が返ってこないことが多いのではないでしょうか。

でも、その人がとても日本酒が好きだとしたら、「小さな酒蔵がつくっている、とても美味しい日本酒があるんです。みんなで飲みませんか?」という誘いにだったら、参加する可能性が高くなります。

これまで「お茶会」「読書会」「勉強会」「楽しむ会」と提案してきましたが、すべてをしなくてはならないということはありません。

大切なのは目の前の人、つまり、あなたにとってのお客様（候補）の人は、何を求めているかです。その人が喜ぶイベントを構築していくことが大事なのです。

POINT

楽しむ会で、心の距離を縮めよう

イベント
5

愛好交流である「ファンの会」を開催する

これまでお伝えしてきた、お茶会、読書会、勉強会、楽しむ会は、「これからお客様になっていただく方」が対象でした。それに対して愛好交流のひとつである「ファンの会」は、すでにお客様の方が対象です。

目的は「ファンの人を、よりファンにする」「自社のサービスや商品のブランドを強化する」ことです。少ない場合は5人でもいいし、たくさん集まるのであれば100人規模でもいいでしょう。

ポイントは、少人数での開催には「プレミアム感」を出すこと。

プレミアム感というのは「あなたは特別なお客様ですよ」という印象を与えることです。上位顧客・上位会員のような位置づけです。

たとえば航空会社のマイレージ会員のランクも、サファイアよりダイヤモンドのほうが嬉しい、それが顧客心理です。「私は選ばれたお客様なんだ」と認識すると、お客様自身も特別感が高まるのです。

ですから、少人数の場合はプレミアム感を出すことが必要です。

反対に大規模にやるなら、ファンミーティングのような形で、ファン同士のつながりができる企画をするとよいでしょう。価格は実費のみでもいいし、逆にこちらが少し負担すると喜ばれます。すべてをごちそうする必要はありませんが、こちらが少し負担することで感謝を伝えるのは、喜ばれる形です。

ファンの会でおこなうことは、あなたの商品やサービスの利用者を一堂に集めること。感謝を伝えて、みんなで楽しむのがいいでしょう。

私の場合、ファンの会としては、招待制のイベントをおこなっています。

一般のお客様は参加できず、限られた人しか参加できない「しつもんカンファレンス」

という イベントを おこなって います。参加した方の98%が「次もまた来たい」と、翌年の申し込みをしてくれています。

そんなふうにお客様や、ファンの人しか参加できないものをおこないます。

また私の実施例のひとつとして、「しつもんアワード」というファンの会があります。これは、自社の商品を使って活躍している人を表彰するというイベントです。好評だったので、みなさんのサービスや商品でも使える企画・アイデアかもしれません。

ほかに、友人の会社の例をご紹介します。

ここは住宅の販売をおこなっている会社なのですが、その会社で家を建てたお客様とその家族100人以上を招待し、年に一度バーベキューをしているのです。

参加費はもちろん無料。「このバーベキューの会でつながりがあるから、よく紹介が生まれるんだよね」と話してくれました。

一度売って終わりではなく、さまざまな形でお客様との関係をつくることで、次の売上につながるのです。家は1人のお客様が何度も購入するものではないのですが、友人知人への紹介が生まれることがあります。

もうひとつ、ほかの例です。

私がアメリカのシリコンバレーで、インターンを経験したときの話です。ある企業でのプロモーションの会議で出たアイデアに「エバンジェリストプロモーション」がありました。エバンジェリストとは伝道者のことを意味します。自社のサービスを使っている人たちを、単なるお客様ではなく、「うちの伝道者です」と認定をするのです。

そして新しいサービスを提供する際、最初のリリース前にお伝えするとか、テストに加わってもらうとか、その人たちだけに配れるグッズをプレゼントする、ということをしていきます。

つまり、お客様というより、スタッフに近い存在になってもらうと、さらにお客様が広がっていくという方法なのです。これもファンの会のアイデアのひとつと言えます。

ファンの会を開催するときに必要なものは、お客様が楽しめる「場所」です。こだわってもいいし、自社でおこなってもいいでしょう。

私の「しつもんカンファレンス」の場合は、沖縄サミットがおこなわれた会場で、ここはみんなが行きたいと思うような場所です。海が見える場所、普段、自分ではなかなか行けない場所を選んでいます。ファンの会開催の効果は、

（1）よりファンになってくれる

（2）ファンが、ほかのお客様に広めてくれる

の2つがあります。

ファンの会の実施のコツは、

①感謝を伝える↓「いつも買ってくれて（使ってくれて）ありがとう」

②お客様同士をつなげる（すでに共通点があるので仲良くなりやすい）

③伝道者になってもらう（よりファンになって、ほかの人に伝えてもらう）

お客様になってくれた人だけを集め、感謝を伝え、つながりをつくり、よりファンになって人に伝えてもらうのが「ファンの会」です。

POINT

キーワードは、プレミアム感とアワード

コミュニティが強まる5つの運営のコツ

コミュニティを強くするには、次の5つの運営のコツがあります。

（1）共通体験をする
（2）会う回数を増やす
（3）目指すところが同じである
（4）ルールがある
（5）あちら側から、こちら側へ

では、それぞれ説明していきましょう。

(1) 共通体験をする

同じことを体験すると距離感が近くなり、絆が強くなります。ですから、コミュニティのみんなで同じ経験をすることが大事です。

この共通体験には、時間のズレがあっても構いません。

たとえば去年体験した人と今年体験した人。でも体験した内容が同じ。というケースです。体験が同じであれば共通の話題ができるので、まるでその場で一緒に経験していたような感覚が生まれます。

私の場合「魔法の質問認定マスター養成講座」というものを、山形の旅館を借り切って開催していますが、そのなかで「ある体験」をします。

体験した時期が1年前でも5年前でも、みんな同じ経験をしているので、みんなが集まったときに「ああ、あの体験、私もしたよ！」と、同じ話題ができるのです。ですから、団結力が強くなっていきます。

コミュニティ内の共通体験は、どんな体験でもかまいません。

たとえばあなたが、本好きな人が集まるコミュニティを主宰しているなら、好きな作家の住んでいた場所や小説の舞台を聖地巡礼するなど、自分のコミュニティに合った体験を考えてみましょう。

（2）会う回数を増やす

人は、会えば会うほど絆が強くなっていきます。

会ったときに何をするかというと、雑談だけでも十分です。

目的がある会議や学びの会だと、なかなか雑談の時間を取ることができません。

会って雑談をすると、距離感がどんどん縮まっていく、という現象が起きます。

距離感を縮める雑談の回数を増やすことで、つながりを強くしていきます。

リアルに会うのが難しい場合でも、顔を見せ合える方法があるといいでしょう。SkypeやZoomを使った会を企画するのもいいかもしれません。

（3）目指すところが同じである

ビジョン（理念）を共有していると、目指すところが同じ状態になります。

つまり、自分たちのコミュニティが、「どこに向かっていくのか」「何を目指していくのか」を意識していることが重要です。

ビジョンができていれば、その目指すところを発信していきます。コミュニティのメンバーに向かって発信し、共感を得ていくことがコミュニティを強くするコツです。

また、ビジョンの発信を何度もおこなうことと、コミュニティ外にも発信していくことで、そのビジョンに共鳴した人たちが集まってきます。

じつは、普通の会社はこれができないところが多いのです。会社のビジョンはあり、社員がそれを知っていても、そこに「共感・共鳴する」状態までいっていないのです。

浸透し、行動になるまでには時間がかかります。会社の場合は、待ちきれずに無理やり合わせ、その結果、団結力が弱くなるということも起きがちです。

逆に、コミュニティのほうが、ビジョンの共有や団結力が強くなりやすいのです。会社はビジョンの共有や団結力、お互いの距離を縮めることに「給料」というお金を使って強制力を働かせています。コミュニティは強制力がないからこそ、共感できる人たちだけが集まってくるのです。

(4) ルールがある

あなたのコミュニティにルールはありますか？　もしなければ、3〜5つ程度はルールをつくってみましょう。そして、できるだけそのルールをコミュニティに参加する方々へ教えてあげましょう。もちろん参加者に教えずに運営することもよいのですが、知ってもらっていたほうが、よりよいコミュニティになります。

でも忘れてはいけないのが、そのルールは、「運営者が知っていて、それを常に守っている」ということです。

たとえば、私のコミュニティのルールには、

・目の前の人を喜ばせる
・どんな答えもすべて正解
・「しなければいけない」をなくす
・自分の宣伝をするときも、見た人の得になることを含める
といったものがあります。

それを知っている人もいれば、新しく入った場合には把握できていない人もいます。あまりにもそのルールに反した場合は、本人に伝えるということをしています。コミュニティにいる人たちが、安心して交流できる場をつくるのも、主宰者の役割です。

（5）あちら側から、こちら側へ

コミュニティは、自分ひとりだけで運営していても広がりません。
最初は、コミュニティ参加メンバーというお客様が増えていきます。
次に、その人たちを、あちら（お客様）側でなく、こちら（運営）側に来てもらう、と

いうことをしていきましょう。

バーカウンターを思い浮かべてみてください。自分がバーテンダーだと仮定すると、カウンターのなかに立っています。そしてお客様はカウンターの向こうに座っている。そんなとき「ちょっとお願いしたいことがあるんだけど、手伝って」とお客様に声をかけてみる。

こちら側に来ると、その人の見方とか、立ち位置、考え方や振る舞いが、180度変わります。与えられる側から与える側へ変わるのです。そうすると仲間が増えます。

このとき、ただ作業を頼むのではなく「一緒につくり上げる」という感覚が大事です。意見を採用する、役割をつくってあげる、得意なことを任せる、というように認めることをしていくと、その人の成長と同時にコミュニティの成長につながります。

POINT

「共通体験」「接触頻度」「ビジョン」「ルール」「内側へ引き込む」を意識する

Chapter 3　ポイントまとめ

・コミュニティをビジネスにつなげるには、3つのステップがある
・オンラインコミュニティ構築には、信用を得ることが最も重要
・まずはお茶会を開催し、心の距離を縮める
・自分の顧客層に合ったテーマの読書会を開催し、シリーズ化する
・勉強会は、小規模から講師を呼ぶ形まで、臨機応変に
・自分が本当に好きなもので、楽しむ会を主催する
・プレミアムからアワードまで、ファンの会を開催する
・コミュニティが強まる5つの運営のコツを実践する

Chapter 4

コミュニティの双方向の信頼を強化する

―つながりをアップデートせよ

「メンバーの交流が活発なコミュニティをつくりたい」
そう思うとき、あなたは何をしていきますか?
まずは、メンバーの欲していることを知ること。
自分が目指す道とズレていないか、見直していくこと。
浅い関わりなのか、深い関わりなのか、決めてつながっていくこと。
コミュニティが育ってくると、これまでとは違った心得が必要になります。
自分中心でいることを卒業し、コアメンバーに立場を譲ります。
人を応援し、人を育てることをしていきます。
根底にある思いは常に「感謝」です。
感謝のエネルギーを循環させるコミュニティを育んでいきましょう。

定期的にチェックすべき、4つのポイント

コミュニティを運営していくなかで、定期的にチェックしていかなければならない4つのポイントがあります。

チェックする項目は、

(1)一貫性があるかどうか?
(2)コミュニティの3つの段階を意識しているかどうか?
(3)自分のタイプに合ったことをしているか?
(4)浅い関わりと深い関わりの区別をしているか?

です。それぞれ見ていきましょう。

(1)一貫性があるかどうか?

一貫性というのは、自分のビジネスと、いまのお客様と、これから集めようとしているコミュニティのお客様が一致しているかどうかです。

まずはコミュニティのお客様と、自分のビジネスのお客様が一致しているかどうかを定期的にチェックします。コミュニティには人が集まっているのに、ビジネスが伸びていないのであれば、ズレが起こっているということです。

(2)コミュニティの3つの段階を意識しているかどうか?

コミュニティの3つの段階。それぞれの段階において、アプローチする方法、関わり方が違うので、それを意識していきます。

・第一段階　あなたの活動に興味を持っているけれど、まだ関わっていない人
・第二段階　ネットでの関わりがある人、やり取りをしたことがある人
・第三段階　会ったことがある人

全部の段階の人に同じ関わり方をするのではなく、自分に問い直してみましょう。
まず自分に興味を持っている人には、どんなアプローチをしたいでしょうか？
ネットでの関わりを持った人には、どんなアプローチをしたいでしょうか？
会ったことがある人には、さらにどんな関わり方をしたいでしょうか？
段階別に、どんな関わり方をしていくか、見直していきましょう。

（3）自分のタイプに合ったことをしているか？

会うのが得意という人、ネットが得意という人。

人は大きく分けると、この2つです。

あなたはどちらのタイプでしょうか？

自分のタイプを知って、何をするか。

苦手なことをがんばるのではなく、得意なほうに力を入れていくことが重要です。

真面目な人ほど、苦手なことを補おうとする傾向があるのですが、その発想は手放してください。得意なことに力を入れるほうが、ストレスなく楽しくできますし、あなたらしいスタイルであるほうが、ぴったりのお客様とつながれます。

無理なく楽しめるスタイルが、継続のコツです。

（4）浅い関わりと深い関わりの区別をしているか？

これを意識していないと、すべての人に深く関わらなければいけない、と無理をして動いてしまいます。

深く関わるのは全体の20%くらいで十分です。

それ以外の80％は浅く関わっていく。

2つの関わり方を用意しておくことが重要です。

そうでないと、どんどん時間とエネルギーがかかってしまいます。それを意識してみてください。

以上の定期的にチェックする4つのポイントを踏まえて、あなたのコミュニティ構築を改善するには、どこにフォーカスするといいのか考えてみましょう。

POINT

「一貫性」「コミュニティの段階」「タイプ」「関わりの深さ」を定期的にチェックする

「アンケート」でインタラクティブな関係性をつくる

コミュニティは、双方向のやり取りがあって成り立ちます。

ここでは「お互いが伝え合える場」としてのコミュニティを考えていきます。そういった場をまだ持っていない方は、これからつくっていきましょう。

お互いが言い合える、関わり合える、対話ができる場は、どうつくればいいのか。

具体的にはネット上の掲示板でもいいですが、ログインするのも、その場をつくるのも手間です。

現実的には、前述したようにFacebookグループが適しています。もしくは、LINEがよいでしょう。LINEは一斉配信ができ、かつ相手からも返信ができて、そこで1対1で対話ができる仕組みです。

無料で使える通常版でもグループがつくれます。でもこのグループだと、メンバー全員に対してメッセージが流れてしまうので、自分のコメントを見られたくない人には、あまり好まれません。

その点、LINEならば、あなたは一斉に大勢に配信でき、相手からの返信では1対1で対話ができるので、よい関わり方ができます。ただし逆に、LINEでの一斉配信の場合、参加者同士の横のつながりはできません。

なのでここでは、とくに使いやすいFacebookグループで考えます。

実際にFacebookグループをつくったら、どんなことをするのか。

「コミュニティのテーマに沿った情報を発信」していきます。

テーマに沿った情報、かつ「相手が欲しがっている情報」だと、お得感が生まれます。

そして、ときに相手が返信しやすい情報を発信します。

コミュニティの主宰をしている方からよくある相談に、「Facebookグループをつくって発信したのですが、誰もコメントをくれません。どうしたらいいでしょう?」というものがあります。

じつはグループ内の投稿にコメントをつけるのは、心理的にハードルが高いのです。

そこで、Facebookグループでおすすめなのは「アンケート機能」です。投稿する際に「アンケート」というところをタップするだけでできますので、ぜひ試してみてください。

アンケートならば、ワンクリックだけで双方向のやり取りになります。

たとえばどんなアンケートかというと、コミュニティの活動に関係のあることです。

(例1) お茶会をやるとしたらどこがいいですか? 次の4つから選んでください。

□たまにはラグジュアリーなホテル
□気楽なナチュラル系のカフェ
□お酒も飲める、バーやラウンジ
□ピクニック気分で公園

「お茶会をやるならどこがいいですか？」と質問して、答えを自分でコメントしてもらうよりも、はるかに楽に返答できます。

クリックだけなら押しやすいわけです。

1個だけ選ぶ、あるいは何個か選べるという設定もできます。

ほかにも、

（例2）ダイエットで、こんなことで挫折してしまうという理由には何がありますか？

□運動がハードだから
□仲間がいないから
□食事制限が守れないから
□記録を取るのが面倒だから
□その他

このようにすれば、お客様の動向を知ることができて、どんなサービスを考えればいいかのヒントになります。

回答者が、自分で新たに選択肢を追加する機能もあるので活用しましょう。

お客様の声を、もう少し詳しく集めることは次節でお伝えします。

まずは気軽にやり取りできる、グループ内のアンケートを活用してみましょう。

POINT

いかにレスポンスしやすい状況をつくるかが大事

プレゼントとストーリーで「コミュニティメンバーの声」を集めよう

アンケートの場合は、つながり合うための話題なので、ビジネスに直結しないテーマでもいいです。しかし今回は、ビジネスに関係あるアンケート……つまり「生の声」を集める方法を考えていきましょう。

コミュニティメンバーの声やお客様の声を集めると、ビジネスがやりやすくなります。逆に言えば、企業でもできでも、それをしている企業はそう多くはありません。逆に言えば、企業でもできていないていないことを、あなたがすれば大きな効果が期待できます。

実際にはアンケートを取っていくのですが、このときに「アンケート」という言葉をなるべく使わないのがコツです。そうではなく、「何で困っているのか?」と聞きましょう。

ここで、お客様の困りごとが自分の活動とマッチしていなければ、顧客になりえません。ですから困っていることが、あなたがやっていることと重なることが大前提です。一貫性があるかどうかをチェックしていれば、ここはクリアされているはずです。

アンケートを取るうえで大事なことは2つです。

① プレゼントを用意する

お客様から何かを「教えてもらう」ということなので、プレゼントを用意します。何か教えてもらう、声をもらう。このとき相手は時間やエネルギーを使います。相手の時間をもらうのですから、それ以上のものを返して、いい循環が生まれるようにします。

② ストーリーをつくる

たとえば、このような流れが重要です。

自分が持っているものを、必要とする人に提供したい。そのときに、「あなたが何に困っているのか、教えてもらえますか？」と聞きます。

私は、いままではどんな企画でも人がすぐに集まります。そこで、「私が実践してきた集客の方法を、集客で困っている人に伝えたい」とします。

すると、ストーリーはこうなります。

「私は以前、集客で困っていて何をやっても人が集まりませんでした。でもある3つのことを意識したら、どんどん集まるようになりました。以前の自分にもそのことを伝えたいですし、同じように困っている方がいたらそれを教えたいと思っています。

あなたは集客に関して具体的にどんなことで困っていますか？　答えていただいた方に、その3つのことをプレゼントしますね」

こう尋ねれば、どんどん答えが集まります。

逆に、「集客に関してのアンケートをとります！　困っていることを書いてください」と書いてしまうと、答えてくれる人は多くありません。どんなに人気のある人でも、これだと答えがもらえる確率は低いです。私も実際にこういう文章で試してみましたが、登録してくれたのは数人でした。

知名度や経験はほとんど関係ありません。答えたくなるストーリーが大事なのです。

たとえば、美容関係の仕事をしている人のストーリーなら、

「私が仕事で大切なお客様だけにお伝えし、また自分自身が実践している美容法を教えたいです。なぜなら、1人でも多くの人が美しくなってくれたら嬉しいから。あなたが美容で困っていることを教えてください。私がそれにお答えします。方法はメール、ホームページ、ブログ、あるいは対面にて」

そして、これにプラスして何かプレゼントがあるといいでしょう。

プレゼントは、お金をかけない、制限のないものがいいです。

集客の例では、「この質問に答えれば、集客ができるワークシートをプレゼントします」ですし、美容の例では「私が毎日欠かさずにおこなっている、簡単にできるセルフケ

ア方法の動画をプレゼントします」など。すると、悩みを解決したい人は申し込みたくなるわけです。

これはギフトなので、すべて無料でおこないます。無料で与えると、受け取ってくれた人はあなたへ好感を持ちます。何かお礼をしたくなるのです。まず与えること、そして聞いてみるというストーリーを用意して、お客様の声を集めてみましょう。

なお、お客様の声を集めるには、アンケートフォームが便利です。有料のものをおすすめしますが、無料でアンケートをとれるものもありますので、探してみてください。

ポイントは、アンケート作成のしやすいものです。一度だけでなく何度もとったほうがいいので、つくりやすいものがいいでしょう。

POINT

声を集めるためにストーリーをつくる

コミュニティメンバーの声を活かす企画をつくろう

前節では「コミュニティメンバーの声」の集め方を説明しました。プレゼントを用意して、ストーリーをつくって、フォームへ登録してもらうという流れです。

ちなみに集まった声は、5〜10件程度でもOKです。たくさん集める必要はありません。

このようにして声を聞くことができたら、次に何をするかです。

プロセスは、

（1）集まった声を、じっくり読む

（2）生の声を使った企画を考える

の2つです。それぞれ見ていきましょう。

(1) 集まった声を、じっくり読む

まずは、集まった声をじっくりと読みます。そして、そのなかにキーワードが隠れています。どんな言葉がお客様の気になっている言葉なのかを想像して、キーワードに線を引いてみましょう。

これが宝の山です。これがあれば売上をつくることに苦労しません。逆に言えば、これをしないから売上が上がらないのです。お客様が求める企画を立てるためには、この「声」が必要なのです。

(2) 生の声を使った企画を考える

企画を考えるとき、その言葉を自分がアレンジしてはダメです。お客様の声、一字一句、

そのままの言葉を大切にします。

たとえば、アンケートで集まった答えに、こんなものがあったとします。

「集客をしようと思うんだけど、何から始めていいかわからないんです」

ここでの問題は何かというと、「集客ができない」のが問題ではなく、「何から始めていいかわからない」です。それを踏まえて企画を考えます。

「何から始めていいかわからない」であれば、「何から始めればいいか教える」ことをやればいいわけです。とても当たり前のことに聞こえるでしょうが、これが大事です。

そこで、企画としては、

「**【集客のための初めの一歩講座】～何から始めていいかわからないあなたのために、集客のための初めの一歩講座というものを開催します**」

というと、そのお客様は「これは私のための講座だ」と思ってやってきます。

次の例は、こちらです。

「ダイエットしたいんだけど、続かないんですよね」

この人にとっての問題は何だと思いますか？

そうです、「ダイエットができない」のではなく、「ダイエットが続かない」ことが問題なのです。「続かない」ことを改善するためには何ができるかな？　どんな企画ができるかな？　どんなキャッチコピーが考えられるかな？　どんなタイトルが考えられるかな？と頭をひねってみましょう。

たとえば、こういう企画はどうでしょうか。

「続かない自分にサヨナラ、誰でも続けられるダイエット講座」

ダイエットのプロが、こういう切り口で投げかけたら、お客様は「これ、私のことだ」と思ってやってきます。

ポイントは「私のためのものだ」と思ってもらえるかどうかです。

このように「お客様の声をもとに企画をつくる」ことをしてみましょう。

企画というのは、あなたの商品、あなたのサービスです。

お客様のニーズを知って、それに応える企画を立てるというプロセスがないと、「買いたいお客様がいない商品」をつくってしまいます。

こんな商品どうかな？　あんな商品どうかな？　と、売り手であるあなたの都合だけで発売したり宣伝したりするけれど、欲しがるお客様がいない、ヒットしない。

でも、お客様の声を聞いたうえで、それを反映する商品やサービスをつくれば、必ず欲しい人がいるわけです。

これがコミュニティにおけるマーケティングの真髄です。

シンプルですが、とても効果があります。

ぜひやってみてください。

POINT

集まった声をじっくり読み、生の声を活かして企画を立てる

「依存型」ではなく「自立型」のコミュニティを構築しよう

コミュニティは、2つの種類に分類することができます。「依存型」と「自立型」です。依存とは、参加者が主宰者に依存してくるという意味です。**依存型の参加者は、なかなか自分で考えることをしません。受動的なので、主宰者のあなたが大変になっていきます。人数が増えるほど大変になるので続きません。**

おすすめしたいのは「自立型」です。

私は「魔法の質問」を提供し、それに共鳴した人のコミュニティをつくっています。魔法の質問で大切にしていることは、「答えは自分の中にある」ということです。

自ら考えて答えを出すのがコンセプトです。だから、「相手に何かをしてほしい」という依存型の人は集まってこないのです。

私がお伝えしているメソッドは、依存型の人には適していません。

それにあなたが主宰者として活動していくにあたって、自立型のコミュニティをつくったほうが、気持ちのよい関わりができます。

なぜ自立型のほうがいいと強く思うのか。それは、私自身が依存型と自立型の両方を体験したうえでの結論です。

ツアー旅行をイメージすると、わかりやすいかもしれません。旅行会社のツアーと、自分でチケットを取っていく旅があるときに、旅行者には意識の違いがあります。

あなたも経験があるかもしれませんが、旅行代理店は、飛行機の手配、ホテルの予約、事前確認、旅先のインフォメーションなど、何でもしてくれます。「してあげることが、いいこと」という価値観があります。お客様のために何でもするので、参加者は何も考えなくてよいのです。

一方、自分でチケットを取る場合は、そうはいきません。自分で考えて選び、自分で考えて行動していくわけです。

海外では見かけたことはありませんが、日本のある有名なホテルで、こんな光景を目にしました。ある男性がホテルのラウンジで、ホテルのスタッフへ「おい、新聞！」と命令していたのです。これは「きっとこちらは客なんだから何でもしてくれるはず」と考えているのでしょう。まるで自宅で家政婦に命令しているような素振りです。上下関係があるようにふるまってしまうのです。

でも、海外においては違います。お客様も、コンシェルジュも、スタッフも対等な関係です。何かをお願いするときは丁寧にお願いするし、何かしてくれたらお礼をする。ですから、「してくれて当たり前」という態度は、グローバルに見てみると、とても恥ずかしいことなのです。

そういう点で、日本にはほとんどなくて、海外ではすでにある職業として、「カスタマーグロース」というものがあります。

日本だと「カスタマーサポート」という職業があります。でもこれは、「してあげることが当たり前」という概念から生まれる仕事です。お客様にいかに不便がなく、何でもしてあげるか、というのがサポートです。

一方、グロースとは「成長させる」という意味です。お客様が成長できるように関わるということなのです。

「便利」と「満足」は、じつは一致していません。

お客様にとって、いかに「便利な存在になるか?」は、重要ではありません。お客様に、いかに「成長してもらうか?」ということが重要なのです。

私は海外でのクルーズセミナーも企画していますが、現地集合、現地解散にしています。するとと、日本の旅行代理店に慣れているお客様から、こう言われます。

「え? 現地集合だなんて! 飛行機の手配はしてくれないんですか?」

私は、安いチケットの探し方は教えますが、手配そのものはしません。答えを教えるのではなく、答えの見つけ方を教えるのです。

これが、自立型のコミュニティにつながると考えています。

関わりたい、という気持ちがあるのはいいことです。しかし、物事には物理的な限界があるので、それを踏まえて関わっていくことが大事です。

ですから、あなたが「直接してあげる」のではなく「相手が自ら考えられる機会」を用意しておきましょう。

ご縁というのは関わり合いで成り立つので、どちらか一方が関わるだけでは、ご縁はつくれません。

こちらが相手に関わったら、そのぶんだけ相手もこちらに関わってくれます。

関わりを遮断するのではなく、関わり合う場をつくっておくことが、コミュニティ主宰者の仕事です。そして、お客様を成長させるという視点で関わっていくことです。

もちろん、コミュニティ構築の最初のステージでは、ここまで考える必要はありません。ただし、ある程度大きくなってくると、これを考えないとコミュニティ自体が存続しなくなってしまうので、自立型であることを意識してみてください。

POINT

「〇〇してあげる」という発想は、必ずしも必要ではない

コミュニティの規模が100人を超えたら、自分だけが中心にいてはいけない

コミュニティは、あなた自身を中心に回っていると思っていることでしょう。

でも、コミュニティの規模が100人に近くなってきたら、もうあなたが中心にいてはうまくいかなくなります。なぜなら、人がつながりを管理できる数は150人と言われており、それを超えたら、そのコミュニティにおいて別のリーダーが必要になってくるからです。100人を超えたあたりから、その意識をしておくことが大切です。

あなたが中心にいたらコミュニティは回らないし、さらに広がることができなくなってしまいます。ですから、中心からちょっとずれた場所にいるようにします。

中心にいないことを実践するにあたり、重要な条件があります。それは自分自身の心のグラスが満たされていることです（**Chapter1「シャンパンタワーの法則」参照**）。

あなたが、コミュニティの参加者から満たしてもらおうと思っていると、中心からずれることができません。ですから、まずは自分を満たす、ということをするのが最初の一歩です。

ここで自分が中心にいるか・いないかの3つのチェックポイントを見てみましょう。

（1）自分の写真を多く出していないか？

コミュニティのなかにおいて、自分の写真を多く出していると危険信号です。

（2）自分の名前を多く出していないか？

たとえば「マツダミヒロコミュニティ」とか「マツダミヒロの会」など、自分の名前が出ているところは、自己顕示欲、承認欲求が透けて見える、危ないパターンです。

（3）自分が話す時間が長くないか？

コミュニティにおいて、自分が話す時間が長くないか。自分ばかりが話していると、これまた危険信号です。

自分が満たされていないとどうなるのかと言えば、コミュニティが広がっていかないし、循環が起こりません。

ただし、自分が満たされているとはいえ、自分がつくったコミュニティに、誰かほかの人が中心に来るわけですから、もちろん恐れは出てくることでしょう。当然、私にもその恐れはあります。でも、つくり上げたあなたのエネルギーは、必ずそのコミュニティに残りますので、安心してください。

コミュニティの規模が大きくなってきたら、次のリーダーを育てていきましょう。

リーダーは1人でなくても、数人いてもいいです。

そうすると、あなた自身がコミュニティメンバーの全員を応援しなくてもよくなります。

あなたは、まずリーダーをひたすら応援するという関わり方をします。すると応援されたリーダーたちは、あなたに感謝をしてくれます。

この循環ができると、恐れはなくなっていくことでしょう。

リーダーとなった人たちは、コミュニティの全体を見てくれるようになり、あなたが中心にいなくても、全体がうまくまわっていきます。

ただし、コミュニティを立ち上げたあなたが、何もしないというのはいけません。**自分の代わりにコミュニティの中心にいてくれる人をひたすら応援していく、関わっていくことをしていきます。陰の存在となるのです。**

次のリーダーとなって、自分の代わりに中心になってくれる人は必ず出てきます。その人を認めてあげる、人に紹介してあげる、というように応援していけばいいのです。

もちろん、最初から自分が中心にいて、ずっとそのスタイルで運営していくほうが簡単です。でもコミュニティ自体がずっと継続する、広がっていく、循環するという観点で見たとき、それではいけません。あなたの代わりに中心にいる人は誰か？　そして、どのようにその人を応援するべきか？　を考えてみましょう。

POINT

次のリーダーとして誰を応援しますか？

Chapter 4　ポイントまとめ

・一貫性と自分らしいアプローチを定期的にチェックする
・レスポンスが得られる投げかけのコツをつかみ、双方向コミュニケーションを
・プレゼントを用意して、お客様の声を聞く
・お客様の声を活かす企画をつくる
・すべてを提供する必要はなく、関わる「場」を用意する
・いつまでも中心にいないで、次のリーダーを見つけ育てる

Chapter 5

「つながり」から売上が上がる仕組みをつくる

―コミュニティで利益を生み出すセールスメソッド

これまでは「コミュニティのつくり方」を学んできました。

本章では、そのコミュニティから、いかに売上をつくっていくかをご説明します。

この「売上をつくる」部分にフォーカスして、築いてきたコミュニティから、さらなる価値を生み出しましょう。ただし、お金のためにコミュニティをつくるわけではありません。そこは間違えないようにしてください。

コミュニティは継続させる必要があり、継続するには循環するエネルギーが必要です。そのエネルギーとなるのが、売上や収入というお金なのです。得た利益は、コミュニティに還元していきます。利益は重要なので、無理やりでなく自然に収益を生むコツやポイントをお伝えしていきます。

売上を上げるための、セールスの3つのステップ

利益を出すには、当たり前ですが「セールス」が必要です。
セールスには3つのステップしかありません。
そのステップを忠実に確実に守っていないと、売上に結びつきません。

- **ステップ1「興味を持ってもらう」**
- **ステップ2「その人にオファー（提案）する」**
- **ステップ3「申し込んでもらう」**

以上の3ステップです。

当たり前のことですが、でも、いざ自分ができているかどうかと考えたら、どうでしょうか？

じつはできていない、うまくいっていない、という人は意外と多いのです。

では、1ステップずつ詳しく説明していきましょう。

・ステップ1「興味を持ってもらう」

セールスのファーストステップは、興味を持ってもらうということです。

あなたのコミュニティのメンバーは、「あなた自身」と「あなたがやっていること」に興味があるはずです。

セールスで売上が上がらない人の共通点は、「興味を持っていない人に対してセールスしていること」です。とても重要なポイントなのに、ここが抜けてしまっている人が多いのです。

・ステップ2「その人にオファー（提案）する」

「ご縁はあっても、それに興味がない」という人にオファーをすると、どんどん人が離れていってしまいます。

それを防ぐためにも、興味がある人だけにオファーしましょう。

オファーには商品の説明も含まれます。説明する際に、その人が興味を持っているかどうかを確認しましょう。興味がある人だけに説明します。

興味がない人には、その商品の説明すらしてはいけません。

よく「説明だけでも聞いてもらえませんか？」と言う人がいますが、値段はもちろん内容についても言わないほうが無難です。

「私のコミュニティには、私の商品に興味がある人が全然いないんです」という場合は、コミュニティのつくり方に問題があるか、あなたの活動に一貫性がないことに問題があるかもしれません。

逆に言えば、あなたの提供している商品やサービスと、そのコミュニティに集まってくる人々が一致していれば、ビジネスはうまくいくのです。

・ステップ3「申し込んでもらう」

提案できない人、契約の言葉を言えない人は、意外と多いです。

でも、「申し込んでください」と伝えなければ、契約は決まりません。人は、言わないと行動してくれないのです。

このときに気をつけたいのが、あなたのなかのメンタルブロックです。

「営業が苦手」「セールスが苦手」「できれば私は言いたくない」と感じている人は、「言ったからには必ず買って欲しい、だから断らないで欲しい」と思っているはずです。

これは「断る」という相手の選択肢をうばっています。

相手の選択肢を奪うことを、やめてみましょう。

目の前のお客様が申し込んでもいいし、申し込まなくてもいい、というスタンスでいると、苦手意識は消えていくはずです。

セールスの際に、「申し込んでくれないと、私は食べていけないんだから」という切迫感がにじみ出て、脅迫のようになってしまう人がいます。ですから、口では「申し込んでください」と言いますが、心のなかでは、こうつぶやきましょう。

「あなたが申し込まなくても、私は困らない」と。

それを忘れて、「申し込んでもらわないと困る」というエネルギーが相手に伝わると、うまくいきません。

そして、お客様が支払いやすい環境をつくっておくことも大切です。

お金をもらうまで、つまり入金されるまでがセールスです。ですから、申し込みやすい、そして払いやすい環境をつくってあげましょう。

たとえば、対面であれば申し込み用紙をつくります。ネットだったら「メールで申し込んでください」ではなく、申し込みフォームをつくります。

フォームをつくるコツは、項目数を少なくすることです。

少なければ少ないほど、申し込みやすくなります。

以上のセールスの３つのステップを正しく踏んで、しっかりとビジネスにつなげていきましょう。

POINT

興味→オファー→申し込みの順番を守る

コミュニティに価値を提供できれば、何でも商品になる

あなたは、コミュニティを通じて自分の商品やサービスが役立てばいいなと思っているはずです。

ですが、商品が明確になっていないという人もいます。

あなたの商品は何でしょうか？

その商品のメニューはありますか？

メニューがないと商品は売れません。

とくに形のないものを売っている人は、メニューをつくる必要があります。

メニューには価格も明記しましょう。

なぜなら、人は値段がわからないものは買いにくいからです。

回転寿司が流行っている理由は、価格が明快だからです。価格が書いていないお寿司屋さんは行きにくいものです。ですから、あなたのサービスにはメニューをつくる、そして価格も付ける、その情報を準備することが重要です。


コミュニティがあると、どんなものでも商品になる可能性があります。

物理的なモノだとわかりやすいですが、形のないものでもいいのです。

たとえば、あなたの経験や知識をまとめたコンテンツです。動画だったり、オーディオだったり、それらをまとめたオンラインスクールという形で、商品化することもできます。

商品を準備するときに重要なのは、コミュニティの声を聞いているかどうかです。

コミュニティの声を聞いて、「その商品は、本当にお客様が欲しいものかどうか？」を確認してください。

たまに、そこがズレている場合があります。そうすると、いくらセールスしても売れないという現象が起こります。

また、商品をつくるときに価格設定で迷う人も少なくありません。

価格設定は、商品の性質によって変わります。

ここで商品の3つの性質と、そのふさわしい価格についてご説明します。これはあくまで参考価格ですが、情報のひとつとして知っておいてください。

性質1「お客様のための学び系のコンテンツ」

↓お客様自身が学ぶ、身につけるためのもの。3000円〜1万円程度

性質2「困りごとを改善するためのもの」

↓痩せたいなど、お金を払っても解決したいもの。5000円〜3万円程度

性質3「自分の活動や売上につながる仕入れ系のもの」

↓その知識やツールをもとに、ビジネスをしていくというもの。2〜20万円程度

目的別に価格帯があるということです。

お客様自身のための学びの商品を、いきなり高く売ろうとしても売りにくいです。

また自分の商品の性質によって、価格帯を変えてみてもいいかもしれません。

これに加えて、顧客サポートをつけるというように、自分の時間を提供するのであれば、価格に別途金額を加えてもよいでしょう。

POINT

商品の3つの性質と、それに応じた価格帯を理解する

商品の性質と価格帯

性質①「お客様のための学び系コンテンツ」

➡ お客様自身が学んで、身につけたいもの

価格：3000円〜1万円程度
例　：英会話スクールなど

性質②「困りごとを改善するためのもの」

➡ お金を払ってでも解決したいもの

価格：5000円〜3万円程度
例　：ダイエット用の教材など

性質③「活動や売り上げにつながる仕入れ系のもの」

➡ この知識をもとに、お客様もビジネスをするもの

価格：2万円〜20万円
例　：そのまま使えるネットビジネステンプレートなど

コピーライティングが上達する簡単な2ステップ

コミュニティから利益につなげるために、コピーライティング、つまり文章にエネルギーを注ぐということは大切な要素です。

コピーライティングとは、文章でセールスをすることです。

その魅力は、しゃべらなくてもいいということ。しゃべるのが苦手、人と対面して売りこみするのが苦手、セールスするのが苦手。そう思っている人には、とくに実践してほしいです。

ここでのコピーとは、広告のポスターなどに書いてある短いフレーズではなく、何かを販売するための文章のことです。

いまはインターネット上でも、たくさんのものが販売されているので、上手なセールスコピーライティングを見たことがあるのではないでしょうか。何かモノを売っているサイトで、その商品を説明しているところです。Amazonや楽天といった大型サイトではなく、独自で販売しているところを参考にするといいでしょう。

しかし、その販売用の文章がなかなか書けない、という人も多いことでしょう。

比較的簡単に書けるようになる2つのステップがあります。国語力はほとんどいらないので安心して取り組んでください。

・ステップ1「いい文章を見つける」

「いい文章」というのは、あなたが思わず買ってしまいそうになった商品の文章という意味です。ですから買わなくていいので、できるだけたくさん、商品の販売ページを見てみましょう。読んでみて、無料の部分を登録してみるとか、いいと思ったものは実際に買ってみるなどして、さまざまなセールスプロモーションに接してほしいのです。

ポイントは、買い手というお客目線ではなく、売り手・つくり手の視線で見てみることです。他人の例としてたくさんの売り手・つくり手を見ていくと、しっくりくる人・価値観が合う人が見つかると思います。参考にしたい相手を見つけてください。

・ステップ2「そのコピーを写す」

私はこのステップを「写コピー」と呼んでいます。写経、写生のように見たものを「書き写す」ことをしていきます。

そして、お手本をもとに、その文章を最低10回、手で紙に書いていきます。

タイピングでおこなうと、指が覚えるだけで効果が半減してしまいます。ですので、紙を用意して、自分の手を使って書いてみてください。手で書くと体で覚えるので、身につきやすいです。

これで確実にコピーがうまくなるので、ぜひやってみてください。

一字一句真似していくと、「あ、こういう言い回しがあるんだ。この語り方がいいのかもしれない」ということが見えてきます。

コピーライティングには、セールスのステップが凝縮されています。しゃべるセールスは視覚的に見ることが難しいのですが、コピーライティングだと、流れも仕組みもしっかり見えます。

見本を見つけて書き写せば、必ずセールスもうまくなります。試してみてください。

POINT

コピーライティングは、いい見本を見つけて真似するだけ

コンタクトメールをつくる5ステップ

実際に「写コピー」をした方は、どんな構成になっているか、どこがポイントか見えてきたと思います。次は、販売ページを見てもらうためのメールです。

つまり、セールスをする前に、お知らせをするメールのことです。

たとえば、コミュニティで何かイベントがありました。

イベントに参加してくれた人たちに、直接販売ページをお知らせするのではなく、その前にワンクッションあったほうがいい。そのために使うのがコンタクトメールです。

これも、真似してみたい素敵なメールを書く人を探してほしいのです。

あなたのもとにも、いろいろ販売のメールが送られてくると思います。

そのなかから「いいな」と感じたものを集めるということを始めてみましょう。

・準備：コンタクトメールのお手本を探す

実際に、あなたの手元に届いたメールで、自分が見てクリックしたものだけをピックアップします。クリックするという行動を起こしたのは、感情が動いたからです。

そういう文章が「いい文章」です。買わないまでも、詳細を知りたいとクリックしたメールに限って集めてください。頭で考えて「いいな」と思ったものではなく、実際に行動を起こしたものが重要です。

このように集めていくと、あなた自身が「いいな」と思うものがわかってきます。

注意してほしいのは、メールマガジンとコンタクトメールの違いです。

メールマガジンは、決まった定型の文で記事を配信するというものです。

コンタクトメールは、販売ページに進むことを誘うメールです。

見た目は同じメールですが、目的がまったく違います。

またコンタクトメールのスタイルで重要なことは、全部を言わないことです。

商品の具体的なことや、価格などの情報は書きません。コンタクトメールの目的は「その先を見てもらうこと」です。いわゆる販売ページを見てもらうこと。

ですから、そのページへのリンクをクリックする行動を引き出すことだけに集中した文章を書くことが大事です。

その理由は、必要のない人に詳しく言うと嫌がられるからです。本当に必要な人にだけ見てもらえばいいのです。


そして、うまくできているコンタクトメールは、5つの項目で構成されています。

その5つとは、①「ストーリー」、②「問題提起」、③「解決後のご利益」、④「より詳しく」、⑤「コンテンツ」です。それぞれ見ていきましょう。

①ストーリー「どんな出来事がありましたか?」

その商品と関連する出来事を書きます。どんな出来事があったから、その商品を伝えたいのか？　きっかけは何だったのか？　ということを書きます。

たとえば、「私はとても太っていたけれど、スリムな体になって人生が変わった。だから伝えたいことがあるんです」や、「私は英語が全然話せなかったけれど、話せるようになって世界が変わった。だからこのことを伝えたいんだ」というように。

そのあらすじに肉付けをした、自分自身のエピソードを書きます。

②問題提起「世の中にどんな問題がありますか？」

何かを解決できるとか、何かを実現・達成できるのが商品やサービスです。

この商品で解決できる問題について語ります。

たとえば、「いろいろなダイエットに挑戦したけれど痩せない」という問題。あなたの提供するメニューを実践すれば、ダイエットができる。「英語を学んだけれどなかなか話せない」という問題。あなたの開発した英語のメソッドを使えば、話せるようになって、友だちができる、など。集客ができない、結婚できないなど、問題を提起し解決法を提案することをします。

③解決後のご利益「自分にどんなご利益がありましたか？」

この商品やサービスを使うと、「そのおかげで、こうなります」という内容がご利益です。

たとえば英語が上達するコツを見つけた。そのおかげで海外でストレスなく会話ができるようになった。NY、ハワイ、LAに友達ができた、というような感じです。その商品やサービスを使うことで「何かができた」「こう変わった」というのがご利益です。

問題解決のために何が必要かは、この段階では言う必要がありません。それは販売ページで説明します。ここでは「何ができるか」「どうなるか」を伝えましょう。

④より詳しく「クリックしたくなるフレーズはなんですか？」

その先を見たくなるフレーズは何でしょうか？　たとえば、「たったひとつの方法があるのですが、それはこちらです」「これを実践したからです。その実践方法とはこちらです」などです。クリックしてもらって、次の販売ページに行く・見てもらうという行動を促すためのフレーズをつくりましょう。

コンタクトメールの基本的な要素は、ここまでの4つでOKです。そして、できれば最後にあったほうがいいのが⑤の「コンテンツ」です。

⑤コンテンツ「どんな役立つコンテンツを伝えますか？」

コンタクトメールで扱う商品やサービスに関連した内容で、「こういうことに気をつけたらいいよ」「日々こんなレッスンをするといいよ」といった、読むだけで役立つコンテンツを加えます。たとえば英語の上達であれば、「英語の映画を、字幕なしで見てみるといいよ」など、すぐ役立つコンテンツを少しだけ先に見せてあげます。

これがあると、メールを拒否されることが減ります。

「単なるセールスと思ったけど、役立つ記事があった。だったら、続きも読みたいな」という気持ちになるのです。


以上の5項目を踏まえて、コンタクトメールを書いてみてください。

どういう文章がいいのかわからないというときは、実際にあなたがクリックしていいな、と思ったメールを、紙に手書きで写コピーしてみる。何回も書いてみると、わかってくるはずです。

POINT

コンタクトメールをつくってみよう

契約につなぐ「エンゲージページ」のつくり方

私は商品の販売ページのことを「エンゲージページ」と呼んでいます。商品をただ販売するだけでなく、商品を通じてお客様とエンゲージ（絆）を深めていくためのページだからです。

ここでは、エンゲージページの文章の書き方を説明します。

まず、最初に質問です。

「どんなエンゲージページが理想ですか？」

自分が実際に購入したもののページを集めてみてください。もしなかったら紙の広告でも結構です。

それを写コピーしていくと、あなたのエンゲージページの完成が早くなります。

さて、エンゲージページの文章は、コンタクトメールと比べてボリュームがあるので、構成は8個に分かれています。

（1）ストーリー
（2）問題提起
（3）共感
（4）解決方法
（5）ご利益を伝える
（6）商品説明
（7）特典
（8）最後のメッセージ

この通りにするとうまくいくので、まずはこの流れで書いてみてください。

では、ひとつずつ説明していきます。

(1) ストーリー「なぜ商品を売りたいと思いましたか?」

あなたには、それを売りたい理由があるはずです。それがわかる出来事と組み合わせて書いていくといいでしょう。

人はストーリーに共感します。逆に言えば、そのストーリーがわからないと、買いにくいのです。ぜひここは自分の過去を思い出して書いてください。

(2) 問題提起「世の中にはどんな問題がありますか?」

これは、あなたの商品で解決できる問題のことです。コンタクトメールにも登場しましたが、とても重要なところです。

いいものをつくっているのに、伝え方が上手でないために、売れていないという人は、とても多いのです。ですから、「世の中にはこんな問題がある」ということを見つけて、お客様が共感しやすい形で書いてみてください。

（3）共感「あなたの過去はどんな状態でしたか？」

その問題に、お客様が共感するエピソードを書きます。

たとえば、「英語を上達したいと思っても、なかなかできない、しゃべれない」という問題があったときに、共感を得られる言葉をはさみます。「じつは私もそうだったんです」というように。自分は特別な人ではなくって、あなたと同じ状態の人だったんですよ、ということを改めて伝えてあげます。

（4）解決方法「何をすれば解決できますか？」

ここはシンプルに、解決方法のスタイルを解説します。

たとえば「8個の質問に答えるだけで、できるようになります」「3ヵ月間、あるトレーニングをするだけでできるようになります」といった、提供するメソッドのスタイルを書きます。

(5)ご利益を伝える「どんないいことがありますか？」

あなたの商品を買うと、どんなご利益があるのか、つまり、どんないいことがあるのかを語る部分です。コンタクトメールでも出てきた項目です。

(6)商品説明「あなたの商品はどんな商品ですか？」

ここでやっと商品の説明に入ります。セールスがうまくいかない人は、最初から商品説明をしていることが多いのです。(1)～(5)のステップを踏まえてから、商品の説明をすると相手の人も受け取りやすくなります。このとき、たくさんの情報を伝えたくなるので気をつけましょう。いいものを持っているほどたくさん伝えたくなるので、シンプルに伝えることを意識しましょう。商品の特長を3つ程度紹介するつもりで書きます。この段階で商品の値段とその理由も書きます。

(7) 特典「どんな特典をつけますか?」

特典とは、「いま買ってくれると、これをプレゼントします」とか、「このサービスをつけます」などです。そういったものがあると、「だったら、いま買おう!」と決断しやすくなります。特典はつけてもつけなくてもいいですが、つけると効果があります。

(8) 最後のメッセージ「伝えたいことは何ですか?」

ここで、あふれ出てくる想いを書きます。どうしてこれをやっているのか、あなたにこれだけは伝えたい、ということを書いてください。

ここでは「買ってください」とは書きません。最後の想いを伝えるだけです。

そして一番下に、購入するボタンか購入するための申し込みフォームをつけます。

この構成を実際のエンゲージページを見ながら、照らし合わせてみると、「ああ、この構成がこの文章なのか」とわかります。

ですから、そのまま活用していただければと思います。

参考までに私が最近作成したエンゲージページのＵＲＬを貼っておきます。

【参考エンゲージページ】→http://shitsumon.jp/lp/onlineschoolmaster300/

最初は見よう見まねでいいので、まずやってみましょう。

POINT

エンゲージページ作成の8つのポイントを押さえる

コミュニティに入れていい人、入れてはいけない人

自分や自分の商品に興味を持ってくれる人がいると、嬉しいです。嬉しいと関係を続けたくなるものです。でも、あなたが満たされていない状態だと、どうなるでしょうか？満たされていないと、「その人とつながっていきたい」というよりも「つながっていかなきゃ！」という、依存的な想いがでてきます。「誰でもいいから、つながっていたい！」という気持ちになります。

そうなると、顧客を選ぶことができません。本来だったら来てほしくないお客様でも、つかんで離したくないという状態になります。

「〜しなければならない」という理由での選択を、私は「恐れの選択」と呼んでいます。
ちなみに、「〜したい」という理由での選択を「愛の選択」と呼び、この愛の選択をできるだけ増やしていくことを勧めています。

ですから、自分の心の状態をメンテナンスすることが大事になります。
心が安定し満たされているときに初めて、顧客を選べるようになります。常に、自分の心の状態を安定させることを心がけてください。

ではここで、顧客の選択について説明します。

人は3つのタイプに分けられます。

(1)興味を持ってくれない人
(2)興味を持ってくれるけど、買わない人
(3)興味を持って、購入してくれる人

まず(1)の興味を持ってくれない人は、コミュニティに入れてはいけません。
(2)の興味はあるけれどお金を払わない人と(3)の興味があって購入してくれる人は、あなたのコミュニティに入れていい人たちです。

そして、（3）の興味を持ってお金を払ってくれる人は、さらに2つに分かれます。「自分に投資をしない人」と「自分に投資をする人」です。

まずはどこまでをお客様にしたいのか、ラインを決めてください。このラインは、どこで引いても正解です。それがあなたのスタンスになるからです。

でもお金を払う人であれば誰でもいいか？　というと、それは疑問だと私は思います。

仮に、自分と価値観が一致していない人が、お金を払ってお客様になってくれたとします。そうすると、そもそも価値観が合わないので、改善にもつながらないクレームが来るのです。その対応で、あなたはエネルギーを消費してしまいます。

そういう販売の仕方、顧客の選び方をしたいでしょうか？

私はなるべく、価値観の合うお客様とだけつながりたい、と心がけています。

ただ単に商品を買ってくれる人というよりは、私や、私たちの活動に共感してくれる人だけでコミュティをつくれたら、と考えています。

もしかするとあなたは、「そうすると、誰も買ってくれないのでは？」と不安になるかもしれません。でも大丈夫。そんなことはありません。

価値観を共有してくれるお客様は必ずいます。

それを信じて、自分が買って欲しい人に買ってもらいましょう。

選ぶ権利というのは、お客様だけにあるわけではありません。お客様と、売り手のあなた、お互いにあるのです。売り手も買い手も選ぶ権利があって、それが一致したときに販売がおこなわれるのです。

ですから、あなたもお客様を選ぶことをしてみてください。

「こんな人には来てほしくない」という要素をリストアップしてみましょう。

「こんな人は嫌だな、お金があるから買わせろと言われても嫌だな」

それが明確になると、来てほしくないお客様から、自分を守ることができます。

限られたエネルギーを大事にしていきましょう。そして、お互いが成長できる関係を築けるお客様と一緒に、コミュニティを育てていきましょう。

POINT

顧客を選んでみよう

Chapter 5　ポイントまとめ

・セールスの3つのステップは、興味→オファー→申し込み
・メニューをつくって、商品を準備する
・コピーライティングにエネルギーを注ぐ
・コンタクトメールを書いてみよう
・エンゲージページから契約につなぐ
・あなたは顧客を選んでいい

Epilogue —

つながりは、幸せを生む

「つながりがない人は、死亡率が2倍になる」

そんなデータを見たときは衝撃でした。つながることやコミュニティをつくることは、ビジネスだけでなく、健康にも通じているとは……。

確かに、富を持った人でも友達が少ない人もいることでしょう。でも、お金だけあっても孤独であれば、生きる力や希望がなくなりそうです。その結果、幸せで豊かな暮らしもできなくなるでしょう。またお金がなくても、かけがえのない人たちがまわりにいれば、それだけで幸せになります。つながりは、幸せを生むのです。

あなたは、誰とつながりたいですか？　誰とつながるかで、あなたの仕事が変わってきます。これからの人生が変わってきます。そして、それを選べるのはあなたです。

つながりを重ねるとコミュニティとなり、そのコミュニティのなかでエネルギーもお金も仕事も循環していく世の中になっていきます。もし仮にお金がなくなったとしても、コミュニティがあれば、生きていくことはできるでしょう。東日本大震災を経験したとき、お金はまったく役立たず、支えてくれる友人たちにどれだけ助けられたことか。本当に大切なものは何かがわかったときでもありました。

ここまで読んでくださった方のなかには、コミュニティをつくりたいという想いとともに、コミュニティをつくるのがちょっと苦手、という方もいるかと思います。

本書を実践していくときに、強いつながりをつくるのではなく、まずは弱いつながりからつくっていくことをおすすめします。弱いつながりを多く持つことこそ、真のコミュニティづくりのきっかけになるからです。気軽につながりをつくってみてください。

そして、コミュニティはひとつに縛られずに、複数のコミュニティに所属することをおすすめします。いろんなタイプのコミュニティであれば、多様な方々とも交流ができ、自分の枠も広がり、活動の幅も増えていきます。
ひとつにとらわれることなく、さまざまな価値観に触れてみてください。

この本をつくることができたのも、つながりがすべてです。
自分でも気づくことができていなかった、コミュニティづくりの秘訣を引き出し、形にしてくれた、きずな出版の小寺裕樹編集長に心から感謝します。また、私の想いを文章にしてくれた、はにわきみこさんにも感謝します。
この本づくりだけでなく、魔法の質問の活動をともに歩んでくれているコミュニティのたくさんの仲間がいたからこそ、私のいまがあります。本当にありがとう。

そして、一番小さいコミュニティである家族に、愛と感謝を込めて。

プーケットへ向かう海の上から
マツダミヒロ

【Special Thanks】

魔法の質問コミュニティパートナー

青田モトイ
浅香美鈴
朝倉克尚
あやりん
新井奈緒美
安藤八千代
安藤有実子
飯田美弥
池本行則
石田さと美
石谷二美枝
井手愛美
伊波直哉
今高智幸
岩城智子
岩本敏昌
上杉祐子
植田恵子
上田修司
牛尾真瑚
榮前田和也
エミリー
大江千夏
大久保貴晃
大塚美知子
岡谷佳代
岡本武司
小川環
長田有功
小田あゆ美
笠原稔也
笠原文浩
勝山友紀子
金澤佳代子
金澤浩
金城茜
金川智美
花門優
川満圭子
河原井規子
金崎結子
菊田由香
耆山実咲
北澤英理子
清川香織
工藤聡
クマガイ佳子
久米朝代
倉科直樹
栗田三千子
栗原登茂子
椚沢静枝
桑名宏樹
髙坂翔輔
こがねまるなおみ
後藤康隆
小西清美
こばしりゆきこ
駒井玲子
是久昌信
今野紀代美
西條恵理子
坂井真美
坂本篤彦
さくらみゆき
佐々木いづみ
佐々木博子
佐々木優
佐藤毅
さとみりか
さなぎけいたろう
猿渡寿子
塩沢節子
塩野貴美
重本典明
設楽典宏
紫乃花
嶋田正
下垣内亨
下河内優子
白石和子
白須法男
新保善也
杉原舞子
杉本真由美
杉山勉
鈴木公子
鈴木美希
首藤ひろえ
関本篤子
曽根原令子
高井ちずこ

多賀健
高橋一朱
髙橋千晴
タカハシヒロヒコ
高橋康浩
竹井由加子
竹内はるみ
竹中三四郎
田島靖之
田中聖世
田邉洋子
谷口つくし
玉川町子
千葉志保
塚越啓二
土屋明代
土屋悟
土谷剛
鶴見真弥
手銭めぐみ

寺本美乃里
土居剛
戸田輝
友利しのぶ
豊島純子
長坂信之
中島雅美
ながたかな
中村暁子
二木由子
西澤雪子
西田和未
沼澤秀之
野末岳宏
野村啓子
萩野麻美
橋口雅子
橋本道雄
橋本幸明
長谷川卓也

畑中直美
はにわきみこ
馬場一峰
早川裕子
はらちん
日小田正人
比嘉
樋口容視子
緋田裕美子
姫松阿由美
平岩なおこ
平岩由子
ひらおたけし
平川こずゑ
平山淑子
ひろ
廣畑輝臣
吹田麻矢
福島淳子
福田孝史

福本たけし
福元誠
藤井一規
藤井靖子
藤岡信代
藤原優子
渕野智恵
船渡川生子
平城真
ポール
星野直美
細野ゆーじ
本間ちひろ
松村泰久
御影石千夏
三上美和子
みかわみき
水野百合
みちのえみこ
三宅肇子

森岡啓治
八木下佳英
安井佐一
ヤスシ
宿里利佳
柳原友見
矢篦原浩介
山内恵
山崎明美
山田和美
山本恵里香
よしたけちほ
吉田理恵
渡邉そのみ
渡邉憂子

他649名の仲間と
共に活動しています

著者プロフィール

マツダミヒロ

質問家。「魔法の質問」主宰。魔法の質問インストラクター5000名を輩出したコミュニティ構築の第一人者。自分自身と人に日々問いかけるプロセスを集約し、独自のメソッドを開発。2004年より日刊メルマガ「魔法の質問」を開始。5万人が読むメルマガとなる。質問を投げかけ、参加者が答えるスタイルの「魔法の質問ライブ」を軸に、日本全国・海外で講演をおこなう。
海外で自分らしいライフスタイルを生きている人をインタビューするラジオ番組「ライフトラベラーカフェ」は、30万人が視聴している。著書に『質問は人生を変える』（きずな出版）、『こころのエンジンに火をつける魔法の質問』（サンマーク出版）、『しつもん仕事術』（日経BP社）など多数。

魔法の質問
SHITSUMON

http://shitsumon.jp/

コミュニティをつくって、自由に生きるという提案

2019年1月1日　第1刷発行

著　者　　　マツダミヒロ

発行人　　　櫻井秀勲
発行所　　　きずな出版
東京都新宿区白銀町1-13　〒162-0816
電話03-3260-0391　振替00160-2-633551
http://www.kizuna-pub.jp/

協力　　　　はにわきみこ
ブックデザイン　池上幸一
印刷・製本　　モリモト印刷

ISBN978-4-86663-059-5

きずな出版

＼＼ いますぐ手に入る！ ／／

『コミュニティをつくって、自由に生きるという提案』
読者限定無料プレゼント

PDF

超豪華！未公開原稿
「紹介が起こる流れをつくる方法」

本書を通して、コミュニティをつくって自由に生きるためのポイントを学んでいただきました。
じつは、ある事情から泣く泣くカットせざるを得なかった、１万文字以上の未公開原稿があります。

そこで、未公開原稿を読者限定でプレゼントさせていただきます！
ぜひ手に入れて、最大限の学びと結果を得てくださいね。

無料プレゼントは
こちらにアクセスして入手してください！

http://shitsumon.jp/sp/compre/

※PDF は WEB 上で公開するものであり、冊子等をお送りするものではございません。あらかじめご了承ください。